CAMPANHAS POLÍTICAS nas REDES SOCIAIS

Organização: Juliana Fratini

CAMPANHAS POLÍTICAS nas REDES SOCIAIS
Como fazer comunicação digital com eficiência

© 2020 - Organização: Juliana Fratini
Direitos em língua portuguesa para o Brasil:
Matrix Editora
www.matrixeditora.com.br

Diretor editorial
Paulo Tadeu

Capa, projeto gráfico e diagramação
Allan Martini Colombo

Revisão
Silvana Gouveia
Silvia Parollo

CIP-BRASIL - CATALOGAÇÃO NA PUBLICAÇÃO
SINDICATO NACIONAL DOS EDITORES DE LIVROS, RJ

Campanhas políticas nas redes sociais / André Torretta ... [et al.]; organização Juliana Fratini. - 1. ed. - São Paulo: Matrix, 2020.
168 p. ; 23 cm.

ISBN 978-85-8230-613-0

1. Marketing político. 2. Comunicação de massa - Aspectos políticos. 3. Internet nas campanhas eleitorais. I. Torretta, André. II. Fratini, Juliana.

19-61176	CDD: 324.73
	CDU: 324:316.472.4

Meri Gleice Rodrigues de Souza - Bibliotecária CRB-7/6439

Todos os profissionais que compartilham aqui suas experiências de campanhas digitais são altamente qualificados. Muitos participaram de inúmeros trabalhos para siglas partidárias diversas. Visando tornar este livro um espaço democrático para a discussão de campanhas digitais, foram também convidados a participar outros tantos estrategistas políticos e pessoas eleitas por diferentes partidos, porém nem todos contavam com agenda para desenvolver seus respectivos artigos. Um segundo volume poderá ser lançado em breve com mais experiências recentes de campanha e reflexões sobre a comunicação política digital.

SUMÁRIO

INTRODUÇÃO 9

Comunicação política e eleições digitais 39

Marketing político e o Darwinismo digital 45

O digital conquista seu lugar à mesa 55

Panorama do marketing político digital e alguns conselhos 67

Campanhas eleitorais durante o eclipse na política 75

Um palanque com milhões de pessoas 85

Inteligência artificial: novos modelos de persuasão 93

O marketing político mundial, o marketing político
brasileiro e essa coisa indecifrável chamada futuro 107

Campanha é campanha, governo é outra história 117

Minha digital no governo Temer 125

Crises serão constantes nas redes sociais 133

#EleNão! Erundina, sim! 141

Uma festa estranha, com gente esquisita...................... 149

Um mandato para muitos 157

REFERÊNCIAS.. 165

INTRODUÇÃO

Juliana Fratini*

A comunicação política tem utilizado cada vez mais tecnologia para eleger candidatos. Nos pleitos da segunda década dos anos 2000 essa prática mostrou ter se tornado irreversível e, nas eleições brasileiras, atingiu seu ápice em 2018. Mas, apesar do uso irrestrito das redes sociais e demais tecnologias por parte dos cidadãos, o eleitorado e os políticos continuam sem saber ao certo como a comunicação nesses meios influenciou e influencia o resultado das eleições. Mais que isso, como vai influenciar a qualidade da democracia a partir dos governantes escolhidos. Caso queiramos ir mais longe, é possível considerar também quanto a tecnologia foi disruptiva para o funcionamento do próprio sistema democrático em relação a como estávamos habituados a interpretá-lo.

Nós procuramos mostrar, neste livro, como o uso da tecnologia impactou o resultado de algumas eleições e os momentos mais recentes da política brasileira. Ao todo são 14 artigos, escritos por especialistas em comunicação e por uma candidata vitoriosa em sua eleição ao Legislativo. O leitor terá a oportunidade de conhecer um pouco mais sobre as abordagens e estratégias realizadas em diferentes campanhas, bem como fazer um comparativo entre as múltiplas propostas dentro de uma mesma conjuntura: as eleições de 2018. Antes de chegar a esses textos,

---

* **Juliana Fratini** é cientista política, doutoranda pela PUC-SP, pós-graduada em Globalização e Cultura pela FESP-SP, especialista em Políticas Públicas e Finanças pela Universidade de Chicago e profissional da comunicação política digital. Participou de diversas campanhas para o governo federal, Senado, governos estaduais e prefeituras.

porém, o leitor terá acesso a discussões um pouco mais abrangentes a respeito da política. Trataremos, em princípio, de determinados assuntos, modalidades de estudo da ciência política, com o propósito de facilitar a construção do pensamento do próprio leitor sobre como a comunicação política no ambiente da internet tem impactado a própria política.

A ideia é tentar estabelecer uma conexão entre teoria e práticas digitais de comunicação política, a fim de chegar o mais próximo possível de explicações razoáveis a respeito de como funciona esse tipo de comunicação, além de desmistificar sua (in)eficácia, sempre relativa. É relativa porque ela depende de alguns fatores para que tenha êxito, conforme será demonstrado adiante. A intenção de articular as duas áreas do saber – ciência política e comunicação – surgiu a partir de problemas reais que os especialistas em comunicação (os chamados "marqueteiros" e similares) e especialistas em política (como cientistas políticos) vêm enfrentando ao longo das últimas eleições quanto à percepção dos cenários.

Precisamos ser sinceros, afinal, o fato é que nem todos os profissionais que entendem de comunicação digital entendem de (teoria) política, assim como nem todos os profissionais que entendem de política entendem de comunicação digital. Nossa primeira tarefa é esclarecer, portanto, como operam a comunicação digital e a ciência política na formação e avaliação das conjunturas. Vamos lá!

Comunicação política digital e ciência política

As falhas na interlocução entre a comunicação política digital e a ciência política impossibilitam percepções mais assertivas sobre como são realizadas e como realizar as campanhas vitoriosas nas redes. Há uma série de situações possíveis, mas, na maior parte das vezes, o que ocorre é que nem sempre a área de comunicação digital percebe o cenário corretamente, e os cientistas políticos nem sempre sabem como algo acontece, ou que é possível fazer acontecer por meio do digital. Para os analistas políticos e suas estruturas críticas preconcebidas, a tecnologia trouxe muita imprevisibilidade. Já para os comunicadores, a tecnologia trouxe um novo universo de possibilidades, a exemplo de facilitar a ascensão de cidadãos comuns a altos postos de poder e a queda de governantes tradicionais.

Do lado da comunicação digital, a falta de percepção do cenário pode ocorrer, entre outros motivos, pela falta de bagagem teórica. Por exemplo: apesar de acessarem inúmeras métricas, os profissionais de comunicação nem sempre sabem utilizar os dados a seu favor. Em se tratando de comunicação política, os números quase nunca são objetivos o suficiente para explicar o comportamento humano, ou seja, é preciso saber fazer análises qualitativas a respeito do que os dados significam. Sem compreender tendências comportamentais, tais profissionais podem acabar desenvolvendo estratégias de baixo impacto. Mesmo com domínio de ferramentas digitais, podem ter dificuldades em articular ações com atores políticos relevantes caso não os conheçam. Por isso, quanto maior for a ancoragem teórica, maiores serão as possibilidades de o analista digital fazer bom uso dos dados para elaborar estratégias assertivas. O conhecimento fará com que o comunicador identifique e aproveite mais oportunidades de ação.

Quanto aos cientistas políticos tradicionais, eles podem observar o cenário político contemporâneo de maneira dura, enquanto este é, em si, extremamente maleável, cheio de crises e novidades intensificadas pela tecnologia. Nesse cenário, pequenas ações podem se tornar, rapidamente, grandes ações com alto potencial destrutivo. Como explicar, teoricamente, a proliferação de notícias falsas em detrimento de fatos e a preferência de parte do eleitorado pela notícia falsa? Os cientistas políticos tradicionais não estavam preparados para encarar a naturalização da mentira e da preferência pela mentira por parte dos cidadãos, nem sobre como as ações em rede poderiam definir o resultado de disputas a ponto de interferirem na legitimidade do processo eleitoral e do sistema democrático. Antes de os estudiosos acadêmicos levarem a tecnologia comunicacional a sério, grupos de interesse e candidatos criaram inúmeras estratégias em redes contra os adversários de maneira irrestrita, desenhando a conjuntura como bem entendessem.

O olhar sobre a política mudou, bem como o ponto de partida e o equilíbrio de forças de cada personagem dentro do processo político eleitoral. Se o cientista parte do princípio de que os partidos e as ideologias habituais são mais importantes do que dizem os candidatos – mesmo que estes sejam desconhecidos num primeiro momento –, corre sério risco de fazer análises incorretas. Aliás, foram inúmeras as análises incorretas sobre as eleições de 2018 em razão da incompreensão sobre a autonomia ganha pelos candidatos depois das tecnologias comunicacionais.

As redes sociais permitiram a construção de relacionamento direto entre candidato e eleitorado e, nesse sentido, a política tornou-se muito mais personalista e menos dependente da referência e do crivo de instituições e sistemas de pensamento tradicionais. Passou a importar mais a narrativa e a intensidade do relacionamento entre o político e o eleitor do que a obrigação de o candidato reproduzir a cartilha de um partido para se fazer compreender e respeitar, ou seguir os conteúdos produzidos por instituições de ensino ou jornalistas.

Na nova dinâmica da comunicação, perderam-se referências do que é certo e errado, ou do que se pode ou não dizer sobre determinados assuntos, ou do que se pode ou não fazer na política, referências essas outrora impostas pelas instituições e sistemas de pensamento consagrados como as políticas (partidos), de ensino (escolas e universidades) e de informação (jornais, revistas, TV – considerados a "mídia tradicional"). Com isso, os conteúdos validados pelos eleitores deixaram de ser fatos para se tornarem, em grande medida, retóricas com as quais eles podiam ter ou não simpatia. Assim, as redes sociais passaram a operar como ambientes estratégicos para a estruturação de novas narrativas de poder.

O ponto é que, a partir das redes, as instituições tradicionais tiveram o seu poder contestado – o que, a propósito, já vinha ocorrendo antes mesmo de as redes se tornarem populares. Nas últimas décadas, a ciência política vinha se ocupando do suposto fim do Iluminismo, bem como do suposto fim das metanarrativas. Em relação aos valores iluministas, passaram a ser questionadas a efetividade da razão, do progresso e da educação formal. Segundo Lyotard, por exemplo, o Iluminismo teria perdido a credibilidade por falhar na proposta de emancipação humana por meio do progresso tecnocientífico, já que os cidadãos passaram a instrumentalizar saberes instituídos para criar o mal em vez de fazerem o bem. Nesta linha, grandes narrativas políticas, filosóficas e estéticas perderam a confiança da sociedade, que passou a questionar a legitimidade das normas impostas por essas áreas. Por que, afinal, os cidadãos precisariam seguir normas e saberes eticamente falhos, e a interesse de alguns poucos? Exemplo disso é a criação das bombas, capazes de dizimar populações inteiras – a ciência criou as bombas, e alguns políticos consideraram legítimo jogá-las contra o povo. Que racionalidade há nisso?

A pedagogia crítica iluminista, que tinha como propósito emancipar e libertar os indivíduos, foi, então, cada vez mais, perdendo espaço para uma pedagogia pós-crítica, mais informal e descentralizada. Em 2016, o termo "pós-verdade" foi considerado por Oxford a palavra do ano, justificando uma tentativa de superação do fato (ou da racionalidade) pela crença pessoal (mais sentimental, afetiva ou ideal).

Por sua vez, Habermas, outro autor importante para a ciência política, acreditava ser descabida a crítica aos valores iluministas – da ciência e saberes instituídos –, uma vez que a educação formal não teria chegado de maneira satisfatória a todos. Portanto, a descrença dos cidadãos nas instituições tradicionais derivaria de uma falha de operação e acesso a essas instituições (sobretudo as de ensino), não de uma falha na produção de conteúdo e ideais científicos. Para o autor, problemas reais da vida cotidiana, que poderiam ser resolvidos entre indivíduos participantes em processos decisórios, passaram a ser tratados como problemas técnicos, de modo a forçar uma tecnocracia ineficaz em vez de promover a descentralização de poder.

Habermas não contava que a descentralização ocorreria de forma independente das instituições tradicionais, quando indivíduos se empoderaram criando conteúdos próprios, emitindo opiniões sobre o sistema político e ações dos governos, já não precisando exclusivamente das instituições para mediar a relação entre candidatos, governantes, eleitores e governados. A internet, junto às redes sociais, promoveu a maior cisão entre indivíduos e instituições das quais se tem notícia no mundo contemporâneo.

Habermas, em entrevista em maio de 2018 ao jornal *El País*[1], questionado se a internet teria diluído a esfera pública que anteriormente estava garantida à mídia tradicional, e se os filósofos e pensadores teriam sido afetados com isso, respondeu:

---

1 El País, 7 de maio de 2018: Jurgen Habermas: "Não pode haver intelectuais se não há eleitores". Link: https://brasil.elpais.com/brasil/2018/04/25/eps/1524679056_056165.html?%3 Fid_externo_rsoc=FB_BR_CM&fbclid=IwAR3TKcHLQhc9ghxHptjmo1TG_xXpR1iRE-zBJ7dVmgDcGJt4W9vhMAUf3T4

> Sim... o efeito fragmentador da internet deslocou o papel dos meios de comunicação tradicionais, pelo menos entre as novas gerações. Antes que entrassem em jogo essas tendências centrífugas e atomizadoras das novas mídias, a desintegração da esfera populacional já tinha começado com a mercantilização da atenção pública. Os Estados Unidos, com o domínio exclusivo da televisão privada, é um exemplo chocante disso. Hoje os novos meios de comunicação praticam uma modalidade muito mais insidiosa de mercantilização. Nela, o objetivo não é diretamente a atenção dos consumidores, mas a exploração econômica do perfil privado dos usuários. Roubam-se os dados dos clientes sem seu conhecimento para poder manipulá-los melhor, às vezes até com fins políticos perversos, como acabamos de saber pelo escândalo do Facebook.

Além da percepção de que a opinião pública foi também mercantilizada (virou um negócio) pelos meios digitais (o que facilita a manipulação dessa opinião) e a preocupação com a exploração de dados, o autor diz, em outro trecho da entrevista, que, apesar das vantagens, a internet criou certo analfabetismo. Esse analfabetismo, segundo dele, refere-se às controvérsias agressivas, criação de bolhas e histórias falsas, como o método optado por Donald Trump durante as eleições que o consagraram vitorioso. Tal ação seria responsável por baixar, constantemente, o nível da cultura política americana – tudo segundo Habermas no referido artigo.

É possível supor que, para o filósofo, as estratégias utilizadas por Trump para vencer as eleições correspondessem a uma ação comunicativa apenas voltada para o sucesso, e não para a obtenção de consenso, o que acaba por abalar a intenção republicana pela busca de um *bem comum* para os cidadãos. Na prática, sem essa intenção republicana seria muito difícil estabelecer um laço capaz de unificar os diferentes em uma causa mais ampla que beneficiasse a todos, como um sentimento de fraternidade.

Ainda para Habermas, "a internet abriu milhões de nichos subculturais úteis nos quais se troca informação confiável e opiniões fundamentadas", citando como exemplo blogs de cientistas e pacientes de doenças raras que passaram a intercambiar informação e experiências por meio da rede. O que mais lhe desagrada, no entanto, é o fato de essa primeira revolução da mídia servir antes a fins econômicos do que culturais. Quer dizer, em vez de emancipação para o povo, as redes estariam contribuindo mais para a defesa de interesses de grupos de poder econômico e político.

A ciência política também ocupou-se de compreender, nos últimos anos, a crise do Estado de Bem-Estar Social. Embora o modelo político tenha sido imprescindível para viabilizar demandas socieconômicas provindas da luta de classes (pobres e trabalhadores *versus* ricos e donos dos meios de produção) em décadas anteriores, não conseguiu resolver os desentendimentos étnicos e culturais que cresceram exponencialmente com a globalização. Isso significa que, além das disputas básicas pautadas em interesses de classe (portanto, interesses econômicos e bastante racionais), também entraram em jogo as disputas pautadas por valores afetivos (culturais, simbólicos e menos racionais). Ou seja, não se pode mais classificar os sujeitos a partir de sua posição socioeconômica; é preciso averiguar os seus anseios étnicos. O fato de os cidadãos possuírem mais desejos e potenciais do que as categorias "socialista" e "capitalista" são capazes de explicar mostra por que a ideia sobre o fim das metanarrativas é bastante significativa.

Nas duas primeiras décadas dos anos 2000, as demandas identitárias ganharam grande destaque na agenda social e política. Na melhor das hipóteses, havia demandas por igualdade entre os grupos étnicos; na pior, as demandas, narrativas e propostas tornaram-se sectárias. Neste sentido, por um lado, comunidades em defesa de grupos considerados minoritários ou desprivilegiados tornaram-se cada vez maiores – inclusive debatendo e organizando-se globalmente –, como mulheres e a luta pelo feminismo, negros, latinos, LGBTs, indígenas, muçulmanos e demais religiões; por outro, diversas sociedades ou grupos assumiram posturas racistas, xenófobas, fundamentalistas e nacionalistas.

Ideias conservadoras foram apresentadas por candidatos como medidas de proteção das culturas e economias locais, em muito afetadas pela globalização. Enquanto parte dos eleitores se sentia protegida por esse conservadorismo-nacionalismo, outra parte passou a sentir opressão, a depender de como os cidadãos estavam conectados com novos valores globais, de intercâmbio e trocas culturais afetivas. Na política contemporânea, no entanto, ser conservador-nacionalista passou a significar, muitas vezes, ser simpatizante de retrocessos; ou ser contra as pautas progressistas, mais conectadas com os valores globalistas dessas trocas afetivas – portanto, difíceis de serem reguladas.

Não obstante, os grupos defensores de minorias, desprivilegiados e grupos identitários tornaram-se cada vez mais sectários, evitando a interlocução com outros personagens fora de seu escopo-padrão – o que também teria prejudicado a intenção republicana e a criação de laços entre os diferentes. Exemplo disso vem de parte do movimento feminista, que passou a marginalizar a liberdade de toda mulher autônoma que tenha optado por caminhos diferentes dos colocados pelo grupo. Fragmentado, o movimento passou a operar por segmentos, em defesa de tipos de mulheres, como por meio da separação do feminismo da mulher branca e da mulher negra, gerando constragimentos entre aquelas que pretendiam se manter coesas.

Neste caso, ainda que o objetivo do movimento fosse o de fortalecer as políticas de defesa da mulher, teve de lidar com a imensa rejeição das contrárias aos autoritarismos, já que os diferentes desejos nem sempre foram respeitados por parte do movimento – inclusive o desejo de não separar mulheres entre brancas e negras. Quer dizer, as pautas poderiam contar com mais apoio social se soubessem lidar melhor com "as diferenças", mas nem sempre é o que ocorre. Em situações normais, se a ideia é defender (todas) as mulheres, por que algumas seriam menos dignas do que outras? Por causa da cor? Embora estudos comprovem que as mulheres negras sejam, historicamente, mais vulneráveis do que as mulheres brancas, quem pode dizer que é mais produtivo separar mulheres em grupos do que uni-las em torno da busca pela mesma igualdade de gênero?

De um modo geral, tanto as demandas sociais quanto as narrativas políticas contemporâneas se tornaram extremistas em relação às causas e interesses que defendem. O "racional" deixou de ser certo, e o "certo" deixou de ser apenas racional. E tudo sem significar que o questionamento da racionalidade tenha contribuído para a emancipação das pessoas e a ampliação de suas liberdades. As redes sociais, nesse sentido, contribuíram para estruturar e disseminar todas as contradições humanas. Interessante, porém, é o fato de que a democracia só existe em virtude dessas contradições, com o direito que os cidadãos têm de questionar, inclusive, as regras do jogo democrático e o próprio sistema que permite que o jogo seja jogado. Mas, no anseio de dar vazão aos próprios desejos, cidadãos, grupos e lideranças políticas perderam completamente a intenção republicana de estabelecer o *bem comum* por meio da tentativa de unificar os diferentes.

* * *

A insatisfação generalizada pela qual passava a sociedade contemporânea, a crise do Estado de Bem-Estar Social, das narrativas totalizantes e das instituições tradicionais, contribuíram para a aproximação de pessoas com perfis similares. Portanto, por meio da tecnologia e das redes sociais, os relacionamentos passaram a ser baseados, acima de tudo, nos afetos e na busca por legitimação das disposições emocionais entre os interlocutores. Não que os relacionamentos construídos nessas redes não fossem (ou não sejam) legítimos; os conteúdos é que poderiam (e podem) ser por demais relativos, além de manipulados. A internet transformou todos em autores potenciais, porém é possível dizer que nem todos estão aptos a publicar conteúdos com bom senso ou de qualidade.

Nas redes, qualquer indivíduo passou a galgar espaço social e político, chamando atenção para a sua causa pessoal. Com criatividade e carisma, o sujeito comum, ou candidato comum, supera facilmente o poder de convencimento das instituições. Em redes desreguladas podem dizer qualquer coisa sem lastro com a verdade. No entanto, a dinâmica de multiplicação, que é muito rápida, torna os conteúdos verdadeiros.

As *fake news* foram um dos prejuízos e se alastraram porque as narrativas e valores das instituições tradicionais não conseguiram conquistar o mesmo espaço que os sujeitos ou candidatos comuns conseguiram nas redes. Para seus interlocutores, esses sujeitos foram considerados *verdadeiros* (por dizerem o que pensam, independentemente de ser algo racional ou não); *corajosos* (por enfrentarem o sistema e demais forças políticas e midiáticas tradicionais); e *espertos* (por utilizarem as redes para esse tipo de manifestação). Esse conjunto de características contribuiu para que muitos se tornassem "mitos digitais", que construíram "outra versão da história", que, claro, os favorecia. Naturalmente, essa conduta era positiva aos *outsiders* da política, menos comprometidos com os saberes e poderes já instituídos, e menos comprometidos com as regras habituais do jogo eleitoral democrático.

Em contrapartida, essas mesmas figuras passaram a ter seus conteúdos criticados, sobretudo por pessoas vinculadas aos poderes e saberes instituídos, que os consideraram *pouco escolarizados* (por propagar ideias inverídicas sobre o mundo), *mal-informados* (pela visão deturpada sobre os acontecimentos) ou *antiéticos* (pela falta de critérios na exposição de suas ideias). Ocorre que, apesar dos problemas com o conteúdo, esses sujeitos foram precursores no método de propagar e replicar mensagens para um significativo número de pessoas, por meio do marketing afetivo intensificado e poucas restrições.

Consideradas as diferenças entre conteúdos verdadeiros e *fake news*, sendo as *fake news* condenáveis por confundir as pessoas, a pergunta que não quer calar é: caso os mesmos métodos propositivos de quem as espalhou tivessem sido utilizados para a propagação de conteúdos verdadeiros, ainda que os fins fossem políticos, esses métodos seriam menos condenáveis? Por que os representantes das instituições tradicionais não desenvolveram, também, uma estratégia para ocupar as redes? O mais provável talvez seja que, em um primeiro momento, não tenham acreditado no uso das redes sociais como meio para distribuir informações sérias e mais sofisticadas. Talvez não tenham percebido as redes como um meio de emancipação, ou tenham encontrado dificuldades em adaptar a sua linguagem habitual para dialogar com o povo.

As redes sociais são ambientes populares, de estilo e linguagem próprios, com textos e falas mais curtas, fluidas e/ou informais, sem qualquer propósito de formação. Não transmitem conhecimento ou informação como as transmitidas nas escolas, universidades, jornais ou revistas – a menos que alguém pense, estrategicamente, em transmitir conteúdos dessa maneira. O *timing* das redes e das instituições tradicionais não são iguais. Por exemplo, enquanto por meio da comunicação digital é possível construir novas realidades rapidamente, as ciências sociais e políticas levam um tempo maior para verificar se essas realidades têm valor ou fazem sentido. Um lado faz, outro questiona. Mas, uma vez feito, está feito.

Para o eleitor comum, já não importa encontrar validação para suas ideias e sentimentos apenas no campo científico. A troca comunicacional não é feita apenas com (ou entre) aqueles que, oficialmente, detêm mais saber, não está restrita aos muros ou núcleos cientifizados. Essas trocas, atualmente, são feitas com pessoas e políticos que conseguem concatenar sentimentos e transmiti-los, mesmos sendo irracionais. É muito mais fácil para esse eleitor comum manter relacionamentos na internet, nos quais ele poderá, livremente, discutir experiências e problemas pessoais, sociais e políticos, do que frequentar uma pós-graduação. É mais fácil entrar nas redes por meio de um smartphone do que se deslocar, ir para a aula. É mais fácil compartilhar o conteúdo disponível do que checar a sua veracidade. Logo, se a ciência quer ser multiplicada, precisa estar também no *timing* das redes.

Habermas, questionado sobre uma eventual decadência do intelectual comprometido – se considera o julgamento justo ou se é um mero tema de conversa entre os próprios intelectuais –, responde:

> Para a figura do intelectual, tal como conhecemos no paradigma francês, de Zola até Sartre e Bourdieu, foi determinante uma esfera pública cujas frágeis estruturas estão experimentando agora um processo acelerado de deterioração. A pergunta nostálgica de por que já não há mais intelectuais está mal formulada. Eles não podem existir se já não há mais leitores aos quais continuar alcançando com seus argumentos.

Estando favorecido o contato pessoal ante o interpessoal (que, neste último caso, perpassa pelo crivo de alguma instituição), caso as ciências sociais e políticas e, de um modo geral, os intelectuais queiram participar mais das discussões em redes – fazer acontecer criando novas realidades conjunturais, em vez de simplesmente criticar as conjunturas desenhadas –, precisam diminuir seus dogmas e ampliar a sua presença em canais de mais fácil acesso. É preciso acabar com a cultura científica de que se produz conhecimento apenas para os pares. Na prática, a própria ciência política precisa adaptar-se ao uso de tecnologias e novas linguagens para se tornar mais competitiva e evitar cair na decadência pelo modo de apresentar as suas teorias e visões de mundo. Acadêmicos precisam parar de falar apenas com acadêmicos e com sujeitos mais escolarizados se quiserem que a qualidade do debate político seja superior: a ciência que vá aonde o povo estiver.

As ciências políticas e sociais e as responsabilidades do poder

Primeiramente, é preciso esclarecer que as ciências políticas e sociais, a princípio e em teoria, nem sempre veem com bons olhos a participação de intelectuais em meios populares ou nas disputas eleitorais. Existem algumas suposições para que a academia proceda dessa maneira, e uma delas reflete a seriedade com que alguns cientistas reproduzem os pensamentos weberianos presentes na obra *Ciência e política: duas vocações*. A obediência às ideias de Max Weber, apesar de ter criado a tradição positiva de "não confundir ciência com política", criou também a tradição negativa de, muitas vezes, castrar intelectuais com vocação política – tradição esta que, em algumas universidades, persiste de maneira anacrônica.

Weber argumenta, por exemplo, que os propósitos do cientista são diferentes dos propósitos do político. O cerne está na ética de cada papel, se pautada pela convicção em ideais ou pautada pela responsabilidade, incluindo a preocupação prévia com as consequências de cada ação. Enquanto os impulsos vocacionais da ciência pendem mais para o comprometimento com aquilo que é ideal, os impulsos da política são mais comprometidos com a ação real. Enquanto o cientista idealiza evitar que um mal maior seja feito, o político deve fazer o que for necessário para evitar um mal maior[2].

A demanda do mundo político, para que *o necessário seja feito*, nem sempre é compatível com as aspirações mais sublimes daqueles que possuem ideais. A separação entre ideal e prática, no entanto, nem sempre corresponde a uma lógica positiva. "Fazer acontecer" é extremamente importante para que o pensador teste a viabilidade do que idealiza, porém a realização nem sempre é incentivada no mundo acadêmico. As ciências políticas e sociais não preparam os sujeitos para

---

2 Neste caso, Weber cita como exemplo a necessidade de preservação do Estado por meio da aplicação da violência. Ou seja, o Estado está autorizado a aplicar punições a infratores.

ocuparem cargos políticos de liderança por meio da disputa eleitoral, que requer muita exposição popular, mas sim para serem pesquisadores e analistas excelentes – ou seja, aqueles que tendem a entender o que está acontecendo, mas que não precisam se movimentar para mudar a realidade por meio de um poder político próprio. Nesse sentido, os acadêmicos acabam por seguir um líder, muitas vezes fora da academia. A esse líder, a academia terceiriza as suas aspirações, além de cobrá-lo e pressioná-lo quando as suas expectativas não são atendidas.

Por que a academia não forma suas próprias lideranças políticas, já que um pensamento ideal ou crítico que nada constrói é um pensamento de baixo impacto real (apesar do potencial que este pensamento possa ter)? Além de não ser tradição, uma resposta possível é porque é mais fácil cultivar aspirações e destilar críticas – porém, quem pesquisa e analisa também pode encontrar soluções e realizá-las. De certa maneira, se a academia não oferece o preparo para a liderança, tampouco convém criticar figuras menos intelectualizadas (ou não reprodutoras da cultura acadêmica) que se lançam na política em busca de "realizações para um mundo melhor" – esse tipo de crítica seria antiética, inclusive.

Outro ponto, segundo Weber, diz respeito àqueles que participam ativamente da política. Para ele, esses sujeitos estariam, automaticamente, lutando pelo poder. Neste caso, a má interpretação que o meio acadêmico pode, eventualmente, fazer sobre o poder – por exemplo, entendendo-o como algo sujo, que impossibilita a emancipação iluminista – tende a dificultar a realização das utopias aspiradas pelo próprio meio. O viés negativo do que o poder significa (e todas as possibilidades e responsabilidades que ele implica) impede que o intelectual jogue de maneira clara na disputa democrática, visto que precisará, sempre, adotar um ar de desinteresse – que não é verdadeiro – pelo poder.

Não deveria parecer vergonhoso para o intelectual o fato de ele gostar e desejar o poder. Isso não o faria um cientista menos comprometido com os seus ideais e nem com a verdade. Ao contrário, o tornaria um intelectual mais respeitado. Disseminado o conhecimento de que a política depende de ações responsáveis, não haverá nada mais que convença os eleitores de que os ideais são os únicos meios e fins. Não bastará a qualquer governante ser um sujeito bom, inteligente, cheio de ideais e desinteressado pelo poder; ele também precisará ser enérgico, esperto, ambicioso e, eventualmente, mau. Ou, como diria Maquiavel, se fazer amado e, ao mesmo tempo, temido.

Se o meio acadêmico quer que os seus ideais se realizem, precisa aprender a fazer o necessário para que isso aconteça. A primeira atitude está na responsabilidade de não castrar possíveis intelectuais com sede de poder, e a segunda é se organizar estrategicamente para lançar candidaturas próprias em vez de criticar as menos intelectualizadas (ou não repetidoras da cultura acadêmica). É preciso iniciar uma nova tradição, diferente dessa que deposita confiança na tomada pelo poder, pelos intelectuais, apenas por meio de cargos de indicação. Isso é pouco.

Já sugeria Weber que o maior perigo para o cientista é o de se tornar "dono da verdade". Considerar opções para pôr à prova os ideais é importantíssimo para transformá-los em realidade.

Não menos importante é a ideia weberiana de que existem duas maneiras de se fazer política: estar a *serviço de* uma causa, de modo a *viver para* a política, ou atuar profissionalmente, de modo a *viver da* política para obter uma fonte de renda. Um líder ideal, para Weber, seria aquele capaz de "dar a vida" pela causa. Muitos acadêmicos acreditam exclusivamente nisso – na causa e no ideal –, embora a afirmação weberiana não seja realista. Vejamos: para Weber, o político ideal é aquele com recursos próprios suficientes a ponto de não precisar da política para ganhar dinheiro algum. Caso esse pensamento fosse uma regra, cientistas/intelectuais teriam ainda mais dificuldade para participar ativamente da política, visto que intelectuais geralmente são assalariados, portanto não dispõem de recursos suficientes para *viver para* a política de maneira exclusiva, sem obter renda por meio dela. Se o ideal é importante, o dinheiro também é. Quer dizer, não se deve julgar mal os intelectuais que desejam se tornar políticos profissionais com uma causa e vistas a ganhar um salário por isso. Sabe-se que nem só de ideais vivem os homens – sobretudo no mundo capitalista, que é onde as democracias funcionam.

* * *

É fato que muitos intelectuais brasileiros se tornam membros de governos com os quais possuem afinidades, mas os que disputam voto podem ser contados nos dedos. Entre os exemplos recentes mais importantes estão o sociólogo Fernando Henrique Cardoso, presidente do Brasil pelo PSDB entre os anos 1995 e 2002, e Fernando Haddad, intelectual de currículo multidisciplinar, ministro da Educação entre os anos 2005 e 2012 e prefeito de São Paulo entre 2013 e 2016 pelo PT. Em que pesem as diferenças entre ambos, suas metodologias, perfis e ideais, a parte comum é terem sido, também, professores da Universidade de São Paulo. Entre os dois, o mais aberto a participar da política eleitoral, bem como utilizar a tecnologia a favor da disseminação de suas ideias, mesmo depois de estar fora do jogo, foi o Fernando tucano – embora Haddad, político contemporâneo, tivesse um potencial muito maior de pedir votos em diversos ambientes que Fernando Henrique não teve quando dentro do jogo, como as redes sociais.

Em 2018, Helcimara Telles, cientista política e professora da Universidade Federal de Minas Gerais, tentou uma vaga no Legislativo de seu estado pelo PCdoB. Quem acompanhou a campanha pôde perceber o baixo engajamento de seus pares. O exemplo é interessante porque, apesar de respeitada como professora e pesquisadora, ela foi discriminada entre os acadêmicos por sua postura aberta, engajada e hiperpopular. Mara Telles (como é mais conhecida), pouco antes de se candidatar, ainda havia participado do programa televisivo de entretenimento Big Brother Brasil. A participação de uma cientista política em tal programa popular despertou a ira acadêmica a tal ponto que foi aberta uma sindicância na própria universidade para averiguar "a conduta inapropriada" da intelectual e o fato de ela supostamente envergonhar os cientistas – conforme eles diziam. O mais curioso é que um ano antes de Mara alçar voos mais altos na conquista pelo grande público e logo depois se candidatar, havia sido eleita como uma das diretoras da Associação Brasileira de Ciência Política[3]. Quer dizer, o prestígio dela como cientista política, entre os acadêmicos, só valia quando confinado ao próprio meio acadêmico.

Outros cientistas políticos também participaram das eleições de 2018 de maneira muito aberta, obtendo resultados mais felizes. Um dos casos é o de Christian Lohbauer, que participou da chapa pura do Partido Novo,

---

3 Jornal da Universidade Federal de Minas Gerais, 16 de maio de 2017: Mara Telles é eleita diretora da regional Sudeste da Associação Brasileira de Ciência Política. Link: https://ufmg.br/comunicacao/noticias/mara-telles-e-eleita-diretora-da-regional-sudeste-da-associacao-brasileira-de-ciencia-politica

na qual a presidência era de João Amoedo e vice, de Lohbauer. Não foram vitoriosos, mas conseguiram atrair a atenção dos liberais econômicos, além de prepararem o partido para os próximos pleitos. Não obstante, o Novo conseguiu emplacar alguns candidatos, inclusive ao governo de Minas Gerais, estado da Mara Telles. Isto é, enquanto os acadêmicos criticavam a conduta de Mara pela atuação política, o governador eleito, Romeu Zema, foi fortemente ajudado pelo amplo trabalho de comunicação realizado em diversas mídias, especialmente as digitais.

O segundo caso é o do cientista político e príncipe Luiz Philippe de Orleáns e Bragança, candidato a deputado federal por São Paulo eleito pelo PSL. Também a título de comparação, enquanto os acadêmicos brigavam entre si a respeito dos posicionamentos e a comunicação do intelectual Fernando Haddad em São Paulo, o cientista político do PSL fez um trabalho de comunicação e preparo para lidar com o povo e a defesa de seus ideais de maneira inteligente e bem planejada nas redes. Foi eleito.

Voltando ao campo mais à esquerda, a jovem cientista política Tabata Amaral foi eleita deputada federal pelo PDT por São Paulo a partir de amplo trabalho com entidades de classe educacionais brasileiras, apoios externos e significativo trabalho de comunicação digital. Não se restringiu ao meio científico nacional das ciências sociais e políticas, apesar de não prescindir desses apoios – o que mostra que, de certa maneira, quando organizados, candidatos das ciências podem ser eleitos para defender os seus ideais.

É verdade que os candidatos citados são exemplos que se distinguem da maioria dos cientistas sociais e políticos; e não deixa de ser verdade, também, que os cientistas foram muito mais bem-sucedidos quando liberais, descolando-se da cultura academicista e dando a si mesmos a oportunidade de vivenciar uma vocação política para além da ciência. O sucesso deles também se mostrou mais provável quando associados a partidos também mais liberais no campo econômico.

Dadas as dificuldades que Fernando Haddad e Mara Telles tiveram para construir apoio acadêmico consistente, não seria hora de a academia também fazer a sua própria autocrítica a respeito de como trata os seus pares? Será possível que intelectuais mais à esquerda sejam castradores da liberdade a ponto de não perceberem que é preciso deixar algumas concepções ultrapassadas de lado caso queiram vencer eleições? Talvez parte da academia precise voltar a considerar que tão importante quanto ter ideais é responsabilizar-se por eles. A pluralidade democrática e a qualidade da democracia dependem, também, da mudança da cultura acadêmica nacional.

A comunicação digital e as suas responsabilidades

Entre os debates que interessam à comunicação digital, dois possuem mais relevância quando relacionados às campanhas políticas: um deles sobre o uso indevido de dados pessoais de cidadãos/consumidores por empresas que vendem e compram dados de maneira indiscriminada e sem o consentimento de seus donos; e o outro sobre a divulgação de notícias falsas, com a intenção única de depreciar a imagem de políticas e candidatos adversários.

O primeiro escândalo de grandes proporções quanto ao uso indevido de dados em campanhas políticas envolveu a empresa Cambridge Analytica (CA), que tanto estaria relacionada à campanha de Donald Trump à presidência dos Estados Unidos quanto à saída do Brexit do Reino Unido. Supostamente, a CA teria capturado informações de usuários de plataformas sociais, como o Facebook, para então direcionar conteúdos dissimulados para esses mesmos usuários, sempre visando persuadi-los a fazer determinadas escolhas. A empresa, que sofreu intenso bombardeio de grupos políticos, sociedade e imprensa, foi obrigada, em poucas semanas, a fechar as portas. Em uma tentativa de se defender das acusações de roubo e fraude, os executivos ainda tentaram argumentar, em vão, que as atividades realizadas, além de legais, eram aceitas como componente-padrão dentro da publicidade on-line[4].

O Facebook tampouco saiu ileso, acusado pelo vazamento de mais de 87 milhões de dados. Mark Zuckerberg, criador da plataforma, passou por uma extensa sabatina no Congresso americano, onde garantiu que adotaria medidas para proteger os dados e para evitar a circulação de notícias falsas[5]. Ele sabia que as eleições aconteceriam em muitos países,

---

4 Revista *Exame*, 2 de maio de 2018: Cambridge Analytica irá fechar depois do escândalo com o Facebook. Link: https://exame.abril.com.br/negocios/cambridge-analytica-ira-fechar-depois-de-escandalo-com-facebook/

5 Globo.com, 10 de abril de 2018: Em depoimento de 5 horas ao Senado americano, Mark Zuckerberg admite erros do Facebook: https://g1.globo.com/economia/tecnologia/noticia/mark-zuckerberg-depoe-ao-senado-sobre-uso-de-dados-pelo-facebook.ghtml

e que retomar a confiança em sua rede seria imprescindível aos usuários e governos. Essa confiança valia bilhões; tantos bilhões que Zuckerberg se manteve aberto a participar da regulação do setor. O empresário chegou a dizer que "proteger a nossa comunidade é mais importante do que maximizar lucros"[6].

Paralelamente, a imprensa e as agências de notícias passaram a checar a veracidade das informações que circulam nas redes, criando grupos especiais para isso. A iniciativa era necessária inclusive para a valorização do trabalho jornalístico, que teve muito do seu papel sobrepujado pela ampla divulgação de notícias falsas e sem qualquer lastro. Em um momento em que já não se sabia o que era verdade, o papel do jornalista de apurar fatos passou a ser ainda mais importante.

Apesar das promessas de Zuckerberg e o intenso trabalho de checagem de notíciais, não é possível dizer que a idoneidade da rede foi preservada e preparada para as eleições brasileiras em 2018. Mais especificamente, no Brasil, nem mesmo a Lei Geral de Proteção de Dados[7] (Lei nº 13.709/2018), que atribuiu novas responsabilidades para os profissionais de comunicação digital, barrou atividades duvidosas. A nova lei, alterando o Marco Civil da Internet[8] (Lei nº 12.965/2014), visa, entre outras coisas, preservar os direitos individuais, como liberdade de expressão, privacidade e direito à imagem, dispondo sobre como informações pessoais podem ser coletadas e tratadas, tanto a partir de cadastros como de fechamento de compras e afins. Ou seja, todas as empresas que solicitam dados pessoais para cadastros precisam se adequar.

Essa adequação, porém, poderia ser feita no prazo de 18 meses a partir da promulgação da lei, realizada em agosto de 2018. Na prática, embora a medida tenha sido positiva, não funcionou bem durante as eleições de 2018. Na ocasião, supostamente, dados foram comercializados para a comunicação direta de determinados candidatos. O que a lei dispõe, entretanto, é que, no futuro, ao coletar qualquer informação, as empresas

---

6 Globo.com, 10 de abril de 2018: Em depoimento de 5 horas ao Senado americano, Mark Zuckerberg admite erros do Facebook: https://g1.globo.com/economia/tecnologia/noticia/mark-zuckerberg-depoe-ao-senado-sobre-uso-de-dados-pelo-facebook.ghtml
7 Lei Geral de Proteção de Dados (Lei 13.709/2018), Presidência da República/Casa Civil. Link: http://www.planalto.gov.br/ccivil_03/_Ato2015-2018/2018/Lei/L13709.htm
8 Lei Marco Civil da Internet (Lei 12.965/14), Presidência da República/Casa Civil. Link: http://www.planalto.gov.br/ccivil_03/_ato2011-2014/2014/lei/l12965.htm

peçam autorização expressa ao usuário, o qual também deverá ser informado sobre o destino dos dados. Aos infratores, a Constituição prevê multas de até R$ 50 milhões; publicização da infração após confirmada a ocorrência; bloqueio dos dados pessoais a que se referem a infração; regularização e eliminação dos dados pessoais a que se referem a infração.

No final de agosto de 2018, o Tribunal Superior Eleitoral (TSE) lançou uma cartilha explicando as regras para propaganda eleitoral na internet. Foram permitidas propagandas em plataformas on-line, sites dos candidatos, partidos ou coligações, assim como em blogs, redes sociais e sites de mensagens instantâneas. Quanto à proibição, recaiu em propagandas em sites de pessoas jurídicas, sites oficiais ou hospedados por órgãos da administração pública e por meio da venda de cadastros de endereços eletrônicos. A Justiça Eleitoral também disciplinou o impulsionamento de conteúdo nas redes sociais – quando o candidato paga para potencializar o número de visualizações –, vetando o uso de robôs para inflar o número de interessados nos conteúdos. O investimento em palavras-chave para obter destaque em sites de busca também foi autorizado.

Não menos importante foi o fato de a Justiça Eleitoral, em 2018, se dizer atenta à dinâmica da rede, com o intuito de identificar conteúdos inapropriados, como os que visam desqualificar adversários. Havendo infração, os juízes eleitorais foram autorizados a retirar o conteúdo do ar e determinar direito de resposta. A lei eleitoral também proibiu a circulação de informações falsas ou a divulgação de conteúdos por meio de perfis falsos – regra muitas vezes burlada a partir da utilização de perfis estrangeiros ou mesmo pela duplicação de perfis verdadeiros, o que nem sempre é simples rastrear. Por fim, sobre o montante do investimento, todas as despesas com internet terão de constar na prestação de contas da campanha.

Com a superexposição do Facebook em escândalos e o Twitter lotado de *boots* (mensagens de robôs), a comunicação digital política teve o WhatsApp (empresa da qual o Facebook é proprietária) como protagonista para o envio de mensagens em 2018. O WhatsApp é a segunda maior rede do mundo, com 1,5 bilhão de usuários – menor apenas que o próprio Facebook, que possui 2,2 bilhões. É curioso que, apesar de todo o histórico das fraudes ocorridas em eleições ao redor do mundo, apenas em julho de 2018 uma medida tenha sido tomada para evitar a proliferação de notícias falsas no canal. A solução criada pelo

WhatsApp foi limitar o envio/encaminhamento de mensagens para até 20 pessoas (até então o envio podia ser feito para 250 pessoas). Depois, a empresa reduziu o envio para, no máximo, cinco pessoas de cada vez. Contudo, nenhuma medida para o rastreamento da fonte foi tomada.

De um modo geral, embora positivas, as medidas jurídicas com o propósito de regulamentar o trabalho dos comunicadores digitais chegaram um pouco tarde, já que, na prática, as campanhas nas redes começam muito antes do período oficial. Um candidato que pretende construir sua base digital, páginas de apoio, formar uma imagem prévia, organizar militantes, identificar detratores, testar propostas e afins, começa o seu trabalho com meses ou anos de antecedência. Essa tarefa, aliás, é essencial para que o candidato tenha condições reais de contar com a força do digital na disputa pelo voto. Dificilmente um candidato conseguirá obter resultados positivos por meio da propaganda digital se deixar todo o trabalho para o período oficial, que é muito curto, ainda que faça um grande investimento financeiro na campanha on-line. O período oficial serve apenas para legitimar todo o trabalho e trajetória anteriores, fortalecendo a mensagem institucional no momento mais intenso da disputa.

Há notícias de que diversos partidos, de diferentes vertentes ideológicas, tenham cometido práticas ilegais durante as campanhas. É possível concordar que as mesmas ações que hoje são consideradas criminosas antes não eram, e que o próprio mercado foi se adaptando às novas demandas, novas tecnologias, novas estratégias e às novas normas. Os comunicadores digitais sabem hoje, por exemplo, que muitas vezes é inútil a utilização de robôs para inflar interesse em determinado candidato. Essa técnica, apesar de fazer parecer que o político é popular, não fideliza o eleitor real e tampouco rende votos nas urnas. O uso de perfis *fakes* também é uma técnica ultrapassada, já que podem ser tirados do ar.

Em julho de 2018, o Facebook desativou 196 páginas e 87 contas no Brasil que participavam de uma rede de notícias falsas[9]. Os conteúdos, sempre bastante críticos a pensamentos científicos consagrados, além de críticos a posicionamentos de esquerda e governos instituídos, estariam ligados ao Movimento Brasil Livre (MBL). Ocorre que o MBL

---

9 G1, 27 de julho de 2018: Facebook exclui páginas de "rede de desinformação". MBL fala em "censura". Link: https://g1.globo.com/economia/tecnologia/noticia/2018/07/25/facebook-retira-do-ar-rede-de-fake-news-ligada-ao-mbl-antes-das-eleicoes-dizem-fontes.ghtml

vinha utilizando o espaço da rede para fazer propaganda de suas ideias muito tempo antes de sofrer qualquer sanção, o que tornou a medida praticamente inútil, já que diferentes membros do movimento foram eleitos em 2018. São exemplos o jovem deputado federal Kim Kataguiri e o deputado estadual Arthur Duval (conhecido por "Mamãe Falei"), ambos eleitos pelo DEM de São Paulo. Vale dizer ainda que foram alguns dos parlamentares mais bem votados no ano em que se elegeram: Kim com 465.310 votos (quarto mais votado para federal/SP) e Arthur com 470.606 votos (segundo mais votado para estadual/SP).

Em outubro de 2018, a jornalista Patrícia Campos Mello, do jornal *Folha de S.Paulo*, publicou matéria sobre empresários que, supostamente, estariam bancando campanhas contra o PT pelo WhatsApp[10]. Pelo trabalho, foi hostilizada por grupos detratores do PT[11]. No entanto, teve os esforços reconhecidos pelos colegas da imprensa nacional e internacional, apesar de não ter havido mais notícias sobre a investigação que Patrícia denunciou.

Para além de todas as sanções existentes, os profissionais de comunicação digital precisam manter uma ética mínima na hora de elaborar estratégias e disseminar conteúdo. Se não pelo bom senso, pelo respeito aos demais concorrentes e ao sistema democrático. Uma ruptura drástica do sistema democrático inviabilizaria, inclusive, a própria atividade desses profissionais.

O intelectual e os comunicadores em disputa

Fernando Haddad (PT), o principal expoente político do universo intelectual, perdeu duas eleições para adversários que fizeram uma aposta maior na comunicação digital. Primeiro em 2016, para um comunicador profissional, o publicitário João Doria Jr. (PSDB); e depois, em 2018, para um comunicador caótico, o militar Jair Bolsonaro (PSL),

---

10 Jornal *Folha de S. Paulo*, 18 de outubro de 2018: Empresários bancam campanha contra o PT pelo WhatsApp. Link: https://www1.folha.uol.com.br/poder/2018/10/empresarios-bancam-campanha-contra-o-pt-pelo-whatsapp.shtml

11 Jornal *Correio Braziliense*, 19 de outubro de 2018: Após reportagem, jornalista da Folha é atacada e colegas saem em sua defesa. Link: https://www.correiobraziliense.com.br/app/noticia/politica/2018/10/19/interna_politica,713846/apos-reportagem-jornalista-da-folha-e-atacada-e-colegas-defendem.shtml

sem qualquer estratégia definida, porém polêmico e com alta capacidade de convencimento para o público das redes.

A conjuntura em 2016 era desfavorável para Haddad: o PT sofria com o *impeachment* da presidente Dilma Rousseff (também do PT), os avanços da Operação Lava Jato e os intensos protestos de rua que ocorreram meses antes. Doria Jr., por sua vez, além de não ter um histórico de problemas na vida pública, tinha a seu favor todo um sentimento de indignação da sociedade com a política tradicional.

Não há maneira de compreender melhor o que foi essa disputa, que teve João Doria Jr. vitorioso, se não por meio de artigo escrito por Fernando Haddad na revista *Piauí* em junho de 2017 – depois de finalizado o pleito, portanto. O título dizia "Vivi na pele o que aprendi nos livros: um encontro com o patrimonialismo brasileiro". Nesse artigo, Haddad explica, com primor, as dificuldades enfrentadas na administração da cidade de São Paulo e os acontecimentos que prejudicaram a sua reeleição. Além de refletir sobre o patrimonialismo no Brasil – a relação muito próxima entre poder público e poder privado –, o político-intelectual conta um pouco da dificuldade encontrada para a articulação de políticas municipais com o governo federal; a dificuldade de implantar meios de aumentar a arrecadação; a perseguição sofrida por sujeitos influentes; as dificuldades de conquistar o apoio da grande imprensa; o surgimento dos movimentos de rua; o papel das redes sociais como instrumentos de contestação, dentre outros assuntos que fazem o texto merecer ser lido e relido.

Para o que nos interessa, vamos considerar o que ele fala sobre a imprensa tradicional (mídia impressa, além de rádio e TV), que, conforme o texto dá a entender, frequentemente agia de má-fé na exposição das reportagens sobre a gestão e a conduta do petista à frente da maior cidade do país, e sobre as redes como instrumento de contestação.

Segundo as descrições, foram tantas as vezes que a imprensa falhou na apresentação de tudo que se relacionava a Haddad, que não é preciso ser especialista em comunicação para perceber que construir a imagem do candidato por meio dela (imprensa) seria inviável. Para ele, a mídia tinha (e tem) um poder enorme, capaz de "tanto impedir que boas iniciativas se colem à imagem de um gestor, condenando-o à invisibilidade, como obrigá-lo a compartilhar responsabilidades que recaem sobre outra esfera de governo, superexpondo-o indevidamente". Isso significa que, se o candidato quisesse comunicar aos cidadãos e eleitores tudo o que de positivo havia feito em sua gestão, teria que: 1) investir maciçamente no marketing dos programas por meio de propaganda institucional da prefeitura; e 2) investir em canais de comunicação direta, nos quais poderia criar um relacionamento sem intermediários com a população, que não fosse necessariamente institucional, e que poderia ser realizado por meio das redes sociais.

Em 2016, as redes já operavam de maneira intensa tanto na produção quanto na distribuição de conteúdos políticos. Alguns dos maiores movimentos de oposição aos governos petistas haviam sido gestados nas redes sociais por meio da convocação de pessoas para saírem às ruas para protestar – foi o que ocorreu durante as Jornadas de Junho/Julho de 2013, a partir de um movimento do qual a sociedade participou unida contra o aumento da tarifa de transporte e demandando por melhorias nos serviços públicos –, mas de maneira difusa e sem qualquer liderança. Grupos como o MBL (Movimento Brasil Livre), Revoltados OnLine e #VemPraRua passaram a fazer o mesmo tipo de convocação em 2015, embora nunca tenham declarado como financiavam as ações, sempre muito bem orquestradas. A oposição de Haddad ganhou todo o espaço da internet já nesse momento, e, até onde se sabe, nada foi feito estrategicamente pelo grupo do ex-prefeito para evitar ou reverter a situação.

Ainda em seu texto na revista *Piauí*, Haddad se mostra consciente da dinâmica das redes e dos grupos mais presentes no ambiente on-line, além de saber o que eles fazem. O sentimento do candidato, no entanto, é de desconfiança. Ele menciona, inclusive, que os presidentes Vladimir Putin, da Rússia, e Recep Erdogan, da Turquia, chegaram a avisar a presidente Dilma Rousseff que ações em rede estavam sendo orquestradas com o propósito de derrubar governos; mas, ainda assim, parece não ter levado as redes sociais a sério a ponto de se preparar para ocupar o espaço da internet a seu favor.

Não menos importante, o intelectual-petista continuava assombrado por uma *fake news* lançada contra ele em 2011: a criação do "kit gay" quando ministro da Educação. O assunto voltou à tona em 2016, o que leva ao estranhamento sobre nada ter sido feito em cinco anos para combater a disseminação de uma notícia tão depreciativa. Aliás, o mesmo tema voltaria a assombrá-lo em 2018, quando foi candidato a presidente da República. Quer dizer, em sete anos, depois de três disputas eleitorais, Haddad, seu partido e a equipe não fizeram nada consistente para reverter o jogo da comunicação digital a favor dele e acabar com a ideia do "kit gay". Embora em um parágrafo do já referido artigo Haddad pareça concordar, ironicamente, que a derrota de 2016 pode ser atribuída à sua (má) comunicação, é fato podermos considerar, seriamente, que foi exatamente isso o que aconteceu (pelo menos em parte).

O que Haddad poderia ter feito, afinal, na difícil circunstância na qual se encontrava em 2016, com os principais meios de comunicação nem um pouco receptivos à sua nova candidatura e sob ataque constante de detratores? Poderia ter ido às redes, espaço pouco regulado e com amplas oportunidades para se fazer visto. A ação ao menos teria contribuído para a construção de um relacionamento direto com os eleitores: ele poderia ter falado abertamente com a população sobre os seus projetos, sobre os ataques sofridos, as dificuldades com a imprensa; poderia ter feito o mesmo com a finalidade de distribuir imagens, responder às perguntas dos eleitores, divulgar vídeos, compartilhar o que os fãs tinham a dizer sobre ele. O que vimos, no entanto, em toda a eleição de 2016, foi uma presença digital pífia, que nada contribuiu para que Haddad forjasse e fizesse aparecer a boa reputação construída ao longo dos anos de vida pública. Como o que havia de bom não se tornou de conhecimento do povo, foi como se nada existisse. Sobressaíram as más notícias a respeito do candidato.

Talvez a inteligência acadêmica tradicional de Haddad – portanto, dura em relação às novidades "superficiais" e possivelmente carente de experiências digitais – o tenha levado a subestimar o potencial das redes sociais como instrumentos capazes de construir ou destruir reputações. Ele estava fixado na atuação jornalística, atividade que, aliás, o PT pretendia regulamentar (mais especificamente, o partido há muito é simpatizante da regulação da mídia, tendo como propósito evitar oligopólios ideológicos)[12]. Em certo parágrafo de seu texto, Haddad aborda:

---

12 G1, 16 de maio de 2014: "Lula cobra regulação da mídia em encontro com blogueiros em São Paulo". Link: http://g1.globo.com/sao-paulo/eleicoes/2014/noticia/2014/05/lula-cobra-regulacao-da-midia-em-encontro-com-blogueiros-em-sp.html

> Outros artifícios frequentes dos meios de comunicação são a omissão da autoria, o desvirtuamento da motivação ou a desigualdade de tratamento das políticas públicas. Existe uma diferença tênue entre capricho pessoal e construção de reputação. O primeiro caso atende pelo nome de vaidade, o segundo é uma exigência da democracia. O tratamento dado à informação pode impedir a construção da reputação de uns, enquanto alimenta a vaidade de outros. A inauguração do Hospital Vila Santa Catarina, na minha gestão, teve menos destaque que a recente reforma dos banheiros do Parque Ibirapuera pela gestão de Doria.

Haddad dá a entender que seu principal concorrente no pleito de 2016 conseguiu ter atenção mais positiva da imprensa do que ele teve quando prefeito. Cabe aqui uma reflexão: se isso ocorreu durante a campanha, ou questionar como João Doria Jr. conseguiu estabelecer contato com a população e construir uma reputação mais bem-sucedida durante a campanha.

Em relação à conjuntura, diante do sentimento de indignação social com a política tradicional e a crise pela qual passava o PT, Doria tinha a seu favor o fato de se apresentar como opção fora do sistema, além de contar com o apoio do governador Geraldo Alckmin (também do PSDB). A essa altura, o PSDB capitaneava, em São Paulo, boa parte dos descontentes, disponibilizando a máquina para colaborar com Doria, muito embora alguns peesedebistas orgânicos o tenham rejeitado[13].

Apesar da rejeição de parte dos membros do partido, Doria procurou construir um caminho próprio, o que teria sido o seu principal mérito (ou principal estratégia) para chegar à vitória. Não menos importante, ele tinha todas as condições para seguir com a candidatura de maneira um tanto independente, já que possuía recursos financeiros próprios, influência junto a empresários e grupos de mídia, profissionais de comunicação capacitados para forjar a imagem a ser apresentada para o povo e, o mais importante, a mente aberta para o uso das tecnologias.

---

13 Jornal *Folha de S. Paulo*, 24 de setembro de 2016: "Contra Doria, 1/3 dos dirigentes do PSDB deixam cargos na executiva paulistana do partido". Link: https://www1.folha.uol.com.br/poder/eleicoes-2016/2016/09/1816465-contra-doria-um-terco-dos-dirigentes-do-psdb-deixam-cargos-na-executiva-paulistana-do-partido.shtml

A vitória de João Doria Jr. em São Paulo, em 2016, representou uma quebra de paradigma em relação ao uso das redes sociais nas campanhas políticas brasileiras. Nenhum outro candidato havia feito uso tão intenso da internet a seu favor de modo institucional. Um "institucional" que, a propósito, era bastante "pessoal". Isto é, ainda que pudesse ser chamado de candidato "fake" pelos detratores (por sua imagem conter sempre um ar de "produção"), Doria era exatamente a imagem que procurava passar: um "produto político" bem elaborado. Ele não era apenas a imagem construída, a imagem era ele. Nesse sentido, toda a comunicação foi pensada para fazer com que o candidato se destacasse no ambiente digital não apenas como a liderança mais marcante, mas também como a mais adequada para atender às demandas e gerir a cidade de São Paulo. As informações eram expostas institucionalmente, de modo original.

Na prática e em teoria, João Doria Jr. foi muito mais bem-sucedido na construção de sua reputação do que Fernando Haddad. Na prática, porque o tucano foi o candidato vitorioso e, em teoria, porque conseguiu construir uma *fachada* (ou definir uma identidade) mais convincente para o eleitorado. Ainda na teoria, seguindo os preceitos de Goffman, a *fachada* é uma estratégia para valorizar o candidato, enaltecendo as características positivas e evitando as negativas. O método, de modo algum, é uma tentativa de ludibriar o interlocutor, posto que, se tentar fraudar a identidade, o sujeito pode ser descoberto – o que traria danos à sua reputação. Muito ao contrário, uma *fachada* bem construída serve para evitar colocar o político em situações ambíguas e suscetíveis a ataques. "Forjar" não é, portanto, o mesmo que "fraudar" a identidade. No máximo, seria uma ação maquiaveliana para apresentar o "príncipe"[14]. E por que João Doria Jr. conseguiu apresentar uma *fachada* mais convincente? Porque comunicou melhor quem era e as suas propostas na conjuntura dada; usou as redes e deu o tom do debate em vez de buscar aprovação de terceiros.

Independentemente de ter ou não vantagem em como os veículos de comunicação se portaram antes e durante as eleições, João Doria construiu canais de comunicação on-line, o que facilitou o contato

---

14 Maquiaveliana significa aqui uma conduta ou pensamento inspirado em Maquiavel. No livro *O príncipe*, Nicolau Maquiavel discorre sobre uma série de condutas estratégicas que o governante deve ter para desempenhar seu papel com mais segurança e conquistar a confiança do povo. No caso, "o príncipe" é aquele que é ou será governante.

direto com o público e a exposição de suas ideias. Formou, assim, a sua militância virtual. Sem a capilaridade das redes, talvez ele não tivesse se tornado tão conhecido em tão pouco tempo. É claro que a postura ousada (que só um *outsider* da política pode ter, "permitindo" a ele agir de maneira agressiva em diversas situações), o alto investimento em design, a produção de conteúdo e a contratação de profissionais especializados para atuarem nas redes também foram diferenciais importantes.

Durante o pleito, Doria angariou mais interesse e seguidores no Facebook que Haddad, então prefeito da maior cidade do Brasil e ex-ministro da Educação. Além disso, Doria conseguiu atrair muito mais visibilidade para a sua página pessoal e campanha (notem que a página institucional também era a página pessoal dele) do que a prefeitura possuía. Mesmo após Haddad ter disputado a eleição presidencial de 2018 (portanto, uma eleição de grande porte, na qual foi derrotado) e Doria, a eleição para governador de São Paulo (da qual saiu vitorioso mais uma vez, apesar do placar apertado contra Márcio França, do PSB), Doria continuava com muito mais seguidores na maior rede social: 2.931.264 *versus* 1.879.125, em números de janeiro de 2019.

Em relação ao candidato que venceu a eleição presidencial, a desvantagem de Haddad era ainda maior: Jair Bolsonaro (PSL), no mesmo período, contava com 10.327.157 seguidores na mesma rede. Apesar da crueldade da afirmação, pode-se dizer que, embora no meio acadêmico Fernando Haddad fosse muito importante, no meio digital ele não era tão influente – e isso, hoje em dia, pode definir uma eleição.

As campanhas eleitorais têm como objetivo conquistar o imaginário popular. Se considerarmos que, segundo Manin (1997), as democracias contemporâneas são mais "de auditório" (portanto, que visam conquistar audiência) do que "de partidos" (que se apegam a ideologias partidárias mais duras), é preferível que os candidatos sejam mais carismáticos e tenham, de fato, mais autonomia para apresentar os seus valores e ideias do que se apegar a valores e ideias da instituição partidária à qual estejam vinculados. Não que as diretrizes partidárias e suas ideologias não sejam importantes, mas é desejável que os candidatos possam ir além disso. Mais do que demonstrar *virtù*, o candidato carismático precisará ter traquejo no trato com o povo, sabendo aproveitar oportunidades para se expor e se relacionar. Quanto mais traquejo, mais possibilidades ele terá de demonstrar a sua *virtù* para "o público do auditório".

De acordo com Guy Debord (1997), vivemos na *sociedade do espetáculo*. A *democracia de auditório* adequa-se a essa sociedade perfeitamente. Os políticos que não se adequam nem a uma coisa nem a outra têm poucas chances de serem vitoriosos. A realidade surge do espetáculo, ou seja, das representações. Supostamente, por isso mesmo os candidatos mais carismáticos e com melhor desempenho na comunicação têm mais chances de serem vistos e lembrados. As campanhas são responsáveis por fazer essas apresentações, e entram com tudo na seara da espetacularização. Os políticos representam na propaganda e precisam atuar de maneira convincente. De maneira crua, o tom do bom comunicador pode ser mais adequado do que o tom professoral de um intelectual, simplesmente porque, muitas vezes, o tom do primeiro é mais fácil de digerir do que o tom e a apresentação conceitual do segundo. Campanha política, inclusive na internet, não é o mesmo que *aula de política*; na internet, campanha política é *espetáculo da política*.

Com a popularização das redes sociais, é essencial que os candidatos façam o espetáculo acontecer também no ambiente digital. Quer dizer, o espetáculo acontece nas redes sociais à revelia das iniciativas dos políticos que querem/sabem, ou não, estar presentes nelas. No mundo contemporâneo, o corpo a corpo não ocorre somente no mundo físico, mas também no virtual. Logo, ter mais seguidores, viralizar mais conteúdos, ter vídeos mais assistidos, ter curtidas e "corações" são sinais de prestígio e fazem parte do show. E para esse show acontecer é preciso tanto da boa vontade do político quanto da inteligência de uma equipe de comunicação, que pensará as estratégias assertivas para cada perfil político, em cada conjuntura. Hoje, fazer campanha política sem pensar no digital é um erro gigantesco.

Mas é verdade também que, mesmo sem uma estratégia específica, um candidato pode se tornar um "mito digital" se utilizar as redes para fazer barulho contra a política tradicional. Foi o que fez Jair Bolsonaro (PSL) nos últimos anos, sempre por meio de considerações polêmicas e impactantes sobre os governos instituídos, os governantes e o sistema político. Essa postura o tornou um porta-voz anticonceitual e anti-intelectualista. Mas não só. Também um dos principais críticos do Estado de Bem-Estar Social brasileiro, por vezes fazendo confusão a respeito da efetividade das políticas públicas orientadas por esse Estado, como o direito à educação pautada por preceitos científicos, como se pertencessem aos interesses de grupos ideológicos. O direito à educação científica não poderia jamais ser reduzido a causa de esquerda ou progressista. Ao contrário, deveria estar associado como parte (não exclusiva) da formação de qualquer indivíduo.

Todos os dias Jair Bolsonaro fazia publicações nas redes sobre suas ideias, bem como lançava vídeos com grande apelo popular. Sua linguagem era bastante adequada e acessível para o público indignado, o que o fez conquistar inúmeros seguidores em todo o Brasil. Ele, afinal, parecia falar o que ninguém tinha coragem de dizer contra o sistema. A questão é que, estivesse certo ou errado, tudo funcionava como um grande espetáculo. Talvez nem mesmo o candidato do PSL tivesse noção de todo o seu potencial quando decidiu se candidatar a presidente. Aliás, nem os analistas políticos contavam que isso pudesse se tornar realidade. Mas tornou-se, sobretudo porque o candidato soube utilizar os canais de comunicação disponíveis a seu favor. Assim como Haddad, Bolsonaro estava longe de contar com o apoio da imprensa tradicional. Apoios do gênero foram acontecer somente depois de ele se viabilizar pelas redes, onde se tornou um fenômeno. A fachada do "mito" deu tão certo que, no final do pleito, até o grande comunicador João Doria pegou carona com a ideia de "BolsoDoria", que incitava os eleitores de Bolsonaro a votarem em João Doria para governador de São Paulo e em Bolsonaro para presidente.

O fato é que o candidato Jair Bolsonaro, como nenhum outro, conseguiu furar a bolha comunicacional. Mas, ao contrário de Doria, tornou-se um produto sem qualquer produção. Nesse sentido, é de se pensar que, se Fernando Haddad tivesse apostado nas redes com o mesmo ímpeto que Bolsonaro apostou para dizer e mostrar o que gostaria, e com a mesma organização de João Doria Jr. para se fazer conhecido, talvez tivesse se tornado mais competitivo nos dois pleitos que disputou e perdeu. Entretanto, conforme expôs o intelectual, para ele "as redes estavam mais para Luhmann do que para Habermas": *Havendo uma ruptura radical entre a emissão e a recepção da mensagem, a reputação do emissor e a origem da informação perderam a relevância...* Isso é verdade em termos, já que as reputações de seus adversários foram criadas justamente a partir do uso mais otimista que eles fizeram das redes.

Já no final da embolada campanha presidencial de 2018, Haddad tentou sair do prejuízo retrabalhando a campanha digital e tentando atrair o público de outras maneiras, a exemplo do envio de mensagens privadas com pedidos de cooperação dos eleitores para dar destaque a determinadas notícias. Mas já era tarde demais. Tudo isso havia sido feito em larguíssima escala pelo candidato concorrente, Jair Bolsonaro, que, a propósito, foi o grande vencedor das eleições.

Comunicação política e eleições digitais

Rafael Araújo[15]

A relação entre a comunicação e a política acompanha a história da humanidade. Para diferenciar o homem dos outros animais, Aristóteles afirmava que "o homem é um animal que fala". Porque fala, é um animal político. É pela comunicação, pela linguagem – a mais importante das técnicas desenvolvidas pelo ser humano –, que é possível realizar a política.

Se considerarmos como finalidade última da política a manutenção da ordem, reforçaríamos o princípio hobbesiano de que somos animais lupinos, de que a guerra está em nossa natureza e de que a política, por extensão, será a consequência da guerra. Ainda que Clausewitz tenha procurado inverter essa relação, afirmando que a guerra é a política continuada por outros meios, nessa perspectiva é a guerra o elemento primordial. A política é a invenção que torna possível viver, apesar da difícil sociabilidade. Por meio da linguagem, os homens foram capazes de criar regras sociais e leis, constituir instituições e organizar a convivência pacificada, o que evidencia a importância da comunicação e sua centralidade na organização do mundo tal como o conhecemos.

---

15 **Rafael Araújo** é graduado em Filosofia pela Universidade de São Paulo (USP), doutor em Ciências Sociais pela Pontifícia Universidade Católica de São Paulo (PUC-SP), com pós-doutorado em Ciências da Comunicação pela Universidade Autónoma de Lisboa. É pesquisador do Núcleo de Estudos em Arte, Mídia e Política e professor do programa de Estudos Pós-Graduados em Ciências Sociais da PUC-SP.

Se seguirmos outra definição de política, que a afasta da violência e da natureza e a coloca como produto da relação entre os homens, tal como pensa Hannah Arendt, a comunicação ganha ainda mais destaque. É pela comunicação que os homens constroem consensos. O enfrentamento de perspectivas, argumentos, negociações, construções de projetos comuns, tudo depende da comunicação entre sujeitos.

Por essa perspectiva, pensar a política a partir de Tecnologias de Informação e Comunicação (TICs) nos apresenta um problema fundamental. Considerando a importância da comunicação para a construção de consensos, em que medida a mediação tecnológica facilita ou dificulta essa comunicação?

Se por um lado o advento da internet possibilitou o acesso às informações com velocidade e facilidade, permitiu que fronteiras fossem vencidas e que minorias sociais passassem a ter voz; fez com que temas outrora periféricos ganhassem centralidade; acelerou a produção tecnológica em todas as áreas; ampliou o compartilhamento de boas práticas e políticas públicas; possibilitou facilidades de serviços e criou novos fóruns discursivos. Por outro lado, a velocidade característica dessa mediação trouxe fragilidade aos processos; reforçou o caráter efêmero das relações sociais; ampliou o abismo existente entre os homens e a realidade em que vivem, reforçando ainda mais leituras simplistas do mundo, enquadrando soluções superficiais para problemas complexos.

Especialmente no tema que nos interessa, o advento da internet revoluciona a relação entre comunicação e política. Se defendemos que a comunicação é o elemento central para o desenvolvimento da política, como pensá-la a partir de uma comunicação superficial e inflacionada? O contexto da democracia representativa coloca a opinião pública como elemento central. Dessa forma, o cenário que temos em debate implica olhar para os processos eleitorais a partir da presença da internet.

A comunicação é amplamente contaminada pela velocidade da web, aquela que ocorre nas redes tecnossociais, e aquela que ocorre nos meios tradicionais de comunicação. Jornais impressos, rádios e TVs precisam modificar sua temporalidade porque leitores, telespectadores e ouvintes são os mesmos interagentes que navegam pela rede mundial de computadores. É sobre esse usuário que o debate deve ocorrer.

Como as campanhas eleitorais devem se estruturar para atingir o eleitorado acostumado ao debate rápido e simplista? Como lidar com a viralização de informações entre um público que não pesquisa fontes e compra explicações e sentidos irreais, descontextualizados e fantasiosos? A rigor, o cidadão contemporâneo está totalmente inserido no mundo do trabalho, contaminado pela produção e pelo consumo. Lida com as informações dessa forma. Uma notícia chega ao WhatsApp e é consumida. Se a notícia é sedutora, se tem elementos de identificação que reforçam uma opinião já formada, ela é repassada e rapidamente viraliza.

O papel das instituições políticas tradicionais (partidos, associações e sindicatos) foi esvaziado. Todos os dias a política profissional é descaracterizada pelos meios de comunicação tradicionais e pelas redes tecnossociais, deixando de ser uma opção de ação cívica, um espaço para a melhoria das condições de vida, e passando a ser um alvo de críticas da opinião pública. Nesse contexto, é compreensível que nos últimos pleitos a figura do empreendedor surja como herói, em oposição à imagem do político corrupto que desfruta de uma vida de benefícios financiada pelo dinheiro público.

Para a realização de uma campanha assertiva, considerando o movimento acelerado de tudo, a análise de conjuntura passou a ser um elemento fundamental. Saber quais são os fatos noticiados, os discursos e os movimentos sociais, alianças, tendências – todas as informações compõem um quebra-cabeça, cuja solução é crucial para a definição de uma estratégia. Outro elemento central para a campanha é reconhecer as redes tecnossociais como ambiente estratégico para a construção de narrativas de poder. São espaços híbridos entre o público e o privado, lugares em que cidadãos invisíveis podem ganhar audiência, trazer informações novas e emitir opiniões.

Se boa parte da população passa todos os dias por esses espaços – e ao longo de todo o dia, pois a internet nos acompanha onde quer que estejamos –, trata-se, certamente, de um lugar de atenção para o marketing político. Já não há um tempo limitado para a campanha, definido pelos horários gratuitos de propaganda eleitoral ou pelos comícios e ações de rua. Agora, a comunicação política pode ocorrer ao longo das 24 horas do dia. Esse dado de realidade é importantíssimo e precisa ser considerado não apenas pelas possibilidades práticas que carrega, mas também pelos riscos e possíveis consequências envolvidas.

A convergência digital e a mobilidade fizeram da tecnologia uma extensão do corpo humano. A comunicação digital é onipresente sob diferentes perspectivas. As pessoas desenvolveram hábitos e vícios que incluem a consulta sistemática aos seus smartphones. Ampliaram expectativas sobre o desenvolvimento de conversas e diferentes eventos, de trabalho e de lazer, que estão disponíveis para participação por meio de seus dispositivos. Além disso, assumiu-se, de forma inequívoca, uma maior preocupação com a opinião dos outros.

O conceito de "self", tal como foi construído por Herbert Mead e desenvolvido por Goffman na Escola de Chicago, ganha centralidade na avaliação das interações simbólicas. O cotidiano passa a ser gamificado: ações simples como almoçar, visitar um lugar, realizar um curso e tantas outras coisas do dia a dia são colocadas à prova pela quantidade de *likes*.

O mesmo acontecerá no mundo do trabalho. A rigor, a audiência foi fragmentada do ponto de vista dos emissores – afinal, qualquer um pode ser emissor de informação atualmente – e também do ponto de vista dos assuntos e formatos de comunicação. Nesse cenário, já bastante familiar para a maior parte da população brasileira, o eleitor, a quem as equipes de marketing devem destinar suas comunicações, é também um debatedor, difusor, sensor, corretor e manipulador da informação. Essa é uma realidade inédita que modificou totalmente o jogo político.

Uma consequência da presença tecnológica na comunicação é a ampliação da autonomia que os candidatos ganharam a partir do uso das redes sociais. Por mais que saibamos quanto muitas comunicações são profissionalmente orquestradas, revelando o preparo dos times em lidar com a nova realidade, é importante ressaltar as novas potencialidades de candidatos menores – que, mesmo sem equipes robustas, podem fazer a diferença nas redes apenas com uma boa câmera e uma boa redação.

De fato, as estratégias de campanha foram multiplicadas a partir dessa nova realidade, o que tornou a análise do pleito ainda mais incerta. Nas últimas eleições, o destaque ficou com o WhatsApp, uma rede fechada, difícil de acompanhar e analisar, mas que permitiu a comunicação entre pares, algo que possibilitou um novo tipo de credibilidade. Banners, memes, frases, fotografias e vídeos passaram a circular em redes pequenas, que rapidamente se multiplicaram em cascata, de pessoas próximas falando entre si. Há um fenômeno curioso aqui, que constrói uma espécie de capital simbólico pela simples fonte de origem, que minimizou a importância da verdade e da argumentação, elementos tão essenciais à boa política.

Uma questão importante para se pensar nesse novo cenário é se a presença das TICs permite quebrar a histórica lógica da mídia tradicional de privilegiar determinadas agendas. Ou será que a internet foi estrategicamente povoada pelos mesmos oligopólios midiáticos que souberam transpor para o ciberespaço o mesmo habitus, as mesmas regras? De qualquer forma, independentemente das respostas a essas questões, é possível afirmar que existe sinergia entre o mundo on-line e off-line na maior parte dos casos. Assim, as ações políticas de maior resultado são as que conseguem coordenar esses dois universos. A força da ação virtual assume relevância e credibilidade quando associada às ações concretas, desenvolvidas no mundo concreto.

De fato, as possibilidades políticas das redes sociais são inúmeras, mas o fato de as pessoas ocuparem a maior parte do seu tempo com gente que pensa da mesma forma prejudica a qualidade das argumentações e a busca por consensos, que deveria ser característica essencial da política. A resultante dos algoritmos que nos blindam do dissenso cria uma situação de conforto compatível com a lógica do consumo.

A fidelidade às redes ocorre na medida em que nos divertimos, reforçamos nossos pontos de vista e nossos gostos. Em princípio, não há nada errado com isso. No entanto, se quisermos pensar sob a ótica da política, a pluralidade é fundamental para o crescimento e a qualificação dos argumentos. Faz parte da política que os opostos se enfrentem como meio de se buscar soluções ótimas. Então, ao adotarmos as redes sob a perspectiva da superficialidade e protegidos pela bolha que nos abarca, o que vemos é a ampliação da despolitização e o afastamento dos eleitores da vida cívica.

Por fim, mas não menos importante, é preciso ressaltar que o uso das TICs na rede mundial de computadores abriu novas possibilidades para o controle de hábitos e discursos. Com a coleta e mineração de dados por meio de *cookies*, uso de aplicativos, algoritmos, robôs, inteligência artificial e tantas outras tecnologias presentes na "internet das coisas"

(IOT), passou a ser possível conhecer padrões de comportamento e, principalmente, induzir esses comportamentos.

Em nenhum outro cenário a hipótese da agenda *setting* foi tão relevante. Por mais que não seja possível afirmar que a comunicação diz ao indivíduo como pensar, ela é capaz de estabelecer o que as pessoas irão pensar. Ter o poder de formar redes e alimentá-las com os temas que serão debatidos pelos interagentes é, talvez, o poder fundamental para o jogo político atualmente.

Se a comunicação sempre esteve atrelada à hermenêutica da recepção (quando uma equipe podia unificar estratégias e organizar peças publicitárias para vender seus produtos e candidatos de uma forma relativamente uniforme), as estratégias, que agora identificamos com o uso da infinidade de dados gerados a cada segundo na web, tornam a Ciência da Informação indispensável e nos alertam para a importância das Ciências Sociais em avaliar impactos e auferir os significados da presença dos objetos e procedimentos tecnológicos em nossas vidas. Trata-se, portanto, de uma urgência ética, que deve nos posicionar em um lugar privilegiado de atenção.

A internet surge em um momento de baixa cultura política. Há em curso um longo processo de afastamento dos cidadãos da política. Esse movimento de despolitização tem início, pode-se dizer, com a centralidade do trabalho à qual a vida moderna nos obriga, com o crescimento das metrópoles e o fortalecimento do individualismo. Não são situações recentes. O império das imagens, o uso do espetáculo e do escândalo como fórmulas de audiência e cooptação da atenção reforçam esse processo que acompanha gerações e que foi fundamental para a constituição do mundo como o construímos. A mim, pelo menos, é muito claro que esse mundo está longe de ser ideal. Compreender que a política é a peça central para modificá-lo é o primeiro passo a ser dado. O segundo é não deixar que a política seja incluída na lógica simplista. Para isso, é preciso compreender a complexidade e a importância do momento que vivemos.

Marketing político e o Darwinismo digital

Maurício Brusadin[16] e Xico Graziano[17]

Trabalhamos com comunicação política na internet desde a virada do século. Durante esse período, acompanhamos as sucessivas transformações que a era digital provocou na sociedade, afetando os corações e as mentes dos candidatos e de suas equipes de comunicação, bem como dos eleitores e de formadores de opinião. Ao longo desse tempo participamos de diversas campanhas eleitorais, em todos os níveis, majoritárias – presidente, governadores, prefeitos – e proporcionais, para deputados e senadores. Cada campanha nos fornecia um dado novo, trazia uma experiência diferente, descortinava uma fase desconhecida no desenvolvimento da internet no Brasil.

Esse conjunto de trabalho, na definição de estratégias e na operação de campanhas políticas, permite sugerir a divisão do marketing digital

---

16 **Maurício Brusadin** é economista pela Universidade Estadual Paulista (Unesp) e mestre em Engenharia Urbana pela Universidade Federal de São Carlos (UFScar). Foi secretário estadual do Meio Ambiente de São Paulo, tendo presidido o Partido Verde de São Paulo. É diretor da Associação Brasileira de Comércio Eletrônico e sócio da ePoliticsGraziano, empresa de marketing digital.

17 **Xico Graziano** é engenheiro agrônomo pela Escola Superior de Agricultura "Luiz de Queiroz" (ESALQ/USP), mestre em Economia Agrária pela Universidade de São Paulo (USP) e doutor em Administração pela Fundação Getulio Vargas (FGV/SP). Foi professor da Unesp/Jaboticabal e ocupou vários cargos públicos, incluindo o de secretário estadual do Meio Ambiente de São Paulo. É escritor, professor de MBA da FGV, sócio da OIA/Certificação Socioambiental e da ePoliticsGraziano, empresa de marketing digital. Articulista do Poder360 (www.poder360.com.br).

em três etapas históricas: a) *Nascimento digital*; b) *Conversas digitais* e c) *Darwinismo digital*.

Tentaremos, inicialmente, resumir nesse texto o significado dessas três etapas, para depois compartilhar nossas impressões sobre as recentes eleições de 2018.

Nascimento digital

Chamamos de *Nascimento digital* a primeira fase das campanhas políticas que utilizavam a internet como instrumento de comunicação. Nos primórdios da web, a receita básica para qualquer candidato residia em montar um site, cujo maior objetivo era mostrar sua biografia e seu trabalho político ao eleitorado. Registre-se: os candidatos subiam um site no ar apenas no período eleitoral.

Criava-se ainda, no endereço digital, um espaço para as pessoas oferecerem sugestões para o programa de governo. Era normalmente um e-mail de contato, que abria um canal de comunicação com os poucos eleitores interessados em colaborar com as propostas da candidatura.

Nessa fase inicial, raros eram os candidatos que se dispunham a aportar algum recurso expressivo, dentro dos orçamentos de campanha, para o trabalho na internet. A grande maioria dos brasileiros ainda usava a internet discada, serviço que, na verdade, era acessado por um pequeno percentual de cidadãos.

A televisão, o rádio e a mídia impressa nem cobriam o que os candidatos publicavam em seus sites. As campanhas só se preocupavam em resolver o tripé básico, no modelo tradicional: coligações, tempo de TV e recursos para campanha de rua. Nessa época, a legislação eleitoral possibilitava haver doações de empresas.

Conversas digitais

Com o nascimento das redes sociais, demarcamos a segunda fase da evolução das campanhas digitais no Brasil. Para fins didáticos, chamamos esse período de *Conversas digitais*.

Destacamos uma mudança substancial nesse novo momento: a internet começa a dar seus primeiros passos no sentido de as pessoas conversarem com seus candidatos. Assim, pela nascente rede social, pessoas distantes conectaram-se, formaram comunidades e tornaram-se ativistas políticas.

A grande maioria dos candidatos ainda não dava o devido valor a essas mudanças, que afetariam profundamente o mundo da comunicação política. Ainda prevalecia a busca pelo tempo de TV, sendo a maioria dos debates que aconteciam nas redes pautada exclusivamente por aquilo que a grande mídia publicava.

Os orçamentos de campanha apresentaram um pequeno avanço em relação à fase do *Nascimento*. As equipes de comunicação, porém, eram geralmente controladas por um marqueteiro tradicional – que, regra geral, não entendia absolutamente nada do universo das conversas digitais. Ainda assim, era quem definia os *posts* e os vídeos que poderiam ser publicados.

Nessa fase intermediária, praticamente nenhum material era produzido especialmente para as redes. Nós postávamos os programas de TV que eram apresentados nos horários reservados às coligações.

No relacionamento, era um sofrimento para responder aos internautas. Tínhamos de passar pela burocrática equipe de comunicação da campanha. Assim, um simples comentário no Facebook, que merecia rápida resposta, podia demorar até 48 horas à espera da decisão de alguém da equipe de marketing. Certas vezes, também era preciso consultar a assessoria de imprensa e, por fim, em muitos casos, o próprio candidato precisava liberar o conteúdo adequado para uma mera resposta na rede. Um processo lento e burocrático, ineficaz para uma plataforma rápida e livre.

Nesse período das *Conversas digitais* pode-se reconhecer alguns avanços: os diálogos na rede intensificaram-se, mais pessoas entravam em contato com o conteúdo político por meio dos canais abertos e já existiam grupos organizados dentro dos espaços digitais, que fomentavam debates. A maioria dos candidatos ampliou as equipes de comunicação digital.

Tudo que acontecia na rede ainda era definido, entretanto, pela lógica daquilo que a estratégia da televisão ditava. Se na fase do *Nascimento* éramos apenas o "patinho feio" das campanhas, nesse período passamos a ser bons coadjuvantes. Era importante estar presente nas redes, porém a grande maioria, por medo da babel que a internet significava, ou por desconhecimento, ainda não compreendia que uma boa comunicação digital exigia linguagem própria, rapidez, diálogos horizontais – em síntese, tratar o eleitor digital como um protagonista do processo político.

Darwinismo digital

Entramos na terceira fase na eleição de 2018. Ela é um marco histórico não pelo resultado, mas pelo protagonismo das redes sociais no debate político. A televisão, apesar de sua relevância ainda significativa, deixou de ser o mais importante palco da política. Começamos, efetivamente, o reinado da democracia digital.

Denominamos essa nova fase de *Darwinismo digital*. Charles Darwin, em seu livro *A origem das espécies* (1859), demonstrou que os organismos mais bem adaptados ao ambiente têm maiores chances de sobrevivência do que os menos adaptados. Os organismos mais bem adaptados são, portanto, selecionados geneticamente para aquele ecossistema.

No parágrafo acima, troque "organismos" por "políticos", e "ambiente" por "digital". Os resultados das eleições de 2018 revelaram que os políticos que não se adaptaram às mudanças da era digital não sobreviveram nas urnas, assim como na evolução natural.

Novos dilemas da democracia digital

Mas o que, de fato, mudou nessa nova fase, comparada com as anteriores? O que podemos imaginar para as próximas eleições? O reinado digital pode ser ameaçado? Quais serão os impactos da inteligência artificial nas próximas eleições? Tentaremos apontar alguns caminhos para esses novos dilemas trazidos pela democracia digital.

Muitas das respostas às nossas dúvidas ainda estão em fase de construção. Teremos a ousadia de dividir nossas impressões para, na troca com os leitores, nos debates que deverão ser realizados, entender melhor os desafios e encontrar os caminhos reais de implementação da democracia saudável na era digital.

No Brasil, nós nos acostumamos a analisar os resultados das eleições baseados apenas nos acontecimentos havidos no próprio período eleitoral. Esse marco temporal, a nosso ver, mudou. O resultado das eleições não mais se explica apenas pelo que acontece no período eleitoral.

As eleições de 2018 começaram, na verdade, cinco anos antes, com as enormes manifestações de rua que acompanhamos em 2013. Vimos nascer, por meio das redes sociais, um processo de cidadania digital. Milhões de pessoas que não se interessavam por política começaram a acompanhar os acontecimentos, emitir opiniões, participar efetivamente do processo democrático.

Essa é a primeira grande mudança da democracia digital: não existe mais "período eleitoral". Quem deseja ser liderança política no século XXI precisa construir sua narrativa e estar presente todos os dias nas redes, dialogando com a sociedade, expondo-se com clareza, abertamente e com honestidade. Em 2018, as lideranças que construíram canais de redes ao longo desse processo, debatendo todos os dias, sagraram-se vencedoras nas eleições.

Nas fases do *Nascimento digital* e das *Conversas digitais,* as campanhas e os candidatos preocupavam-se em construir suas plataformas digitais no período eleitoral. Normalmente estavam distantes da internet. Esse tipo de estratégia "oportunista" não funcionou em 2018. Quem não se colocou antes, construindo previamente sua imagem, participando do mundo digital, ao chegar à eleição ficou sem uma rede potente para atrair eleitores, pautar o debate e ter relevância política. Mesmo investindo pesado em conteúdo patrocinado, pouco conquistou adeptos.

Entender essa nova dinâmica é fundamental. Com o advento da internet, não existe mais "período eleitoral". Todo dia é dia de falar de política, de defender suas ideias, contrapor quem pensa diferente, construir diálogos e aglutinar seguidores engajados que, lá na frente, farão a diferença após os registros das candidaturas. Em outras palavras, as eleições de 2020 e 2022 já começaram!

As identidades na rede

Outra mudança que merece destaque foram os assuntos debatidos durante o período eleitoral. Se antes o debate concentrava-se em economia, saúde e infraestrutura, as eleições de 2018 abriram espaço para temas que normalmente não entravam no eixo de preocupação: questão de gênero, raça, diversidade e demais assuntos comportamentais. Em alguns momentos, essas questões tiveram mais relevância que os assuntos estruturais.

Podemos apontar diversas razões para esse fato. Porém, para compreender por que isso aconteceu, é preciso entender como as pessoas se organizam nas redes. Nas redes sociais, as *identidades* são as pontes de aglutinação das pessoas. Elas se juntam em grupos, seguem amigos e admiradores, conectam-se buscando e compartilhando conteúdos com os quais se identificam. Se antigamente os partidos eram os territórios de aglutinação de interesses, hoje são os internautas que buscam suas afinidades de forma autônoma nas páginas do Facebook, nos grupos de WhatsApp, nos nichos de seguidores do Twitter ou nos canais dos youtubers.

Em todas essas frentes, os assuntos do cotidiano ganham mais relevância que os debates complexos, herméticos e chatos muitas vezes, sobre política econômica ou políticas públicas. A nosso ver, esses agrupamentos digitais ajudaram a mudar o foco do debate, trazendo novos temas para o eixo das discussões.

A imprensa tradicional tentou, por diversas vezes, em 2018, recolocar a questão econômica no centro da discussão entre os candidatos. Mas não prosperou, apesar da sua importância, ficando à margem do debate eleitoral.

A força do WhatsApp

Ainda no campo das inovações das eleições de 2018, temos de lembrar de uma ferramenta que se legitimou no cenário nacional: o WhatsApp. Vale recordar que, nas eleições municipais de 2016, esse aplicativo também foi amplamente utilizado. Em 2018, porém, tornou-se protagonista dos grandes debates, desde a greve dos caminhoneiros até as notícias de disparos em massa de mensagens duvidosas.

Discordamos de parte das análises que transformam a ferramenta digital em um "problema político". No fundo, o WhatsApp foi fundamental nessas eleições em função do ambiente extremamente polarizado que as cercou. Com 120 milhões de usuários no Brasil, o aplicativo de comunicação instantânea foi a principal arma digital no campo de batalha durante a campanha, embora seu real impacto seja difícil de mensurar.

No Brasil, o WhatsApp possui uma especificidade: trata-se de uma rede gratuita, oferecida pelas operadoras, que não descontam o uso da internet do pacote de dados. Em levantamento feito em 24 e 25 de outubro de 2018, o Instituto Datafolha revelou que o WhatsApp era a rede mais utilizada pelos eleitores – 65% declararam ter conta no aplicativo. E quase 50% diziam acreditar nas informações compartilhadas ali. Essas características transformaram o WhatsApp em uma poderosa rede social.

A grande maioria dos candidatos vitoriosos em 2018 iniciou a montagem de uma rede de simpatizantes nos anos que antecederam as eleições, usando a ferramenta para ouvir propostas e comunicar ações. O WhatsApp possibilitou a criação de um canal rápido e direto com o eleitor. E a característica brasileira potencializou seu uso como veículo de comunicação de massa sigilosa, com grupos grandes e transmissão de mensagens – tudo criptografado, o que dificulta a identificação dos autores das mensagens.

Sobre *fake news*

Notícias falsas existem desde a primeira eleição no planeta. Nos primórdios, chamávamos isso de boatos; com o avanço das comunicações, as mentiras foram espalhadas por jornais e nos próprios programas eleitorais dos candidatos. Sempre houve muita enganação política, confundindo a cabeça dos eleitores. A diferença, agora, é que as mentiras inundaram a rede social e se transformaram em *fake news*. Mudou mais a forma, a transmissão, que o conteúdo. Antes procurava-se nos bares da esquina quem espalhava os boatos; hoje tenta-se descobrir a origem no meio eletrônico.

Sempre foi difícil descobrir e, mais ainda, punir os responsáveis por falsear o processo político. Em qualquer eleição, a partir de agora, o Tribunal Superior Eleitoral deverá tomar medidas que possam reduzir esse enorme buraco negro que permite, sob anonimato, prejudicar adversários e fraudar a democracia. Vale destacar que espalhar notícias falsas pelo WhatsApp foi uma estratégia usada por quase todas as campanhas em 2018; porém, o ambiente extremamente polarizado, em que cada polo considera o outro ilegítimo, faz com que as mensagens nesse aplicativo ganhem elevada circulação. Como os lados estão bem demarcados, as pessoas não conseguem avaliar quando estão recebendo notícias falsas.

Inteligência artificial no digital

Para finalizar, é preciso pensar o papel da inteligência artificial nessa terceira fase das campanhas digitais, que aqui denominamos de *Darwinismo digital*. Vivemos a era do *Big Data*, e nela sabemos que nossos dados passaram a ser informações preciosas para aquilo que desejamos ouvir, comprar, escolher e também votar.

As ferramentas de rede permitem gerar um conteúdo – gravar um vídeo, por exemplo – e impulsioná-lo para um público específico. É simples e usual. Esse tipo de ação segmentada, amplamente utilizada antes e durante as eleições, permite criar canais com ampla potência para nichos eleitorais, construindo o que podemos chamar de efeito "bolha". Quando somamos essa ação ao uso de algoritmos que, cada vez mais, nos aproximam de quem pensa igual a nós, reduzimos o papel do contraditório no processo de formação de opinião. Se antes a televisão e o rádio eram canais que falavam com todos, atualmente as redes dialogam com as "tribos", o que reforça suas posições e amplia ainda mais o nível de polarização da sociedade. Nada indica que essa realidade venha a ser alterada nos próximos anos. Esperam-se softwares mais modernos e com crescente capacidade de realizar comunicação segmentada. Sendo verdade, teremos de aprender a lidar com todas essas novas variáveis da democracia digital.

Educação digital

Não existe plano simples para mitigar os impactos negativos das novas ferramentas digitais nas regras da democracia. A saída mais sustentável é o esforço de todos os atores envolvidos e a construção de políticas públicas que propiciem uma verdadeira educação digital para esses novos eleitores conectados. Provavelmente andaremos em círculos se tentarmos uma regra para cada nova ferramenta, rede ou aplicativo, pois, quando eventualmente encontrarmos a regulamentação correta para um, já existirão centenas de outros disponíveis na praça.

Vale frisar que, apesar dos problemas já elencados, as redes possibilitaram que milhões de novos atores se tornassem protagonistas do processo eleitoral e político. Esse é um ganho extraordinário conquistado pela era digital. Pouco importa se alguns não gostam da opinião dos outros; o importante é que mais gente participa, sugere e expõe abertamente suas opiniões. Com o tempo, o aprendizado e o exercício diário dessa participação certamente aumentarão a qualidade de formulação e análise de nossos eleitores.

Acabou a era dos antigos formadores de opinião, representados por excelências jornalísticas ou intelectuais, comentaristas da mídia tradicional. Hoje todos formam sua opinião pelas redes. E os modernos influenciadores delas participam ativamente. Senão, ninguém escuta. Essa dinâmica revela que teremos uma sociedade mais fiscalizadora, participativa e de olho nos políticos, que terão cada vez mais de prestar contas cotidianamente de seus atos. Sentirão especialmente a fúria dos cidadãos digitais se participarem de esquemas de corrupção.

As novas tendências já estão dadas e são facilmente identificáveis: a) cada vez mais discutimos política na internet; b) a campanha de hoje já começou ontem; c) campanhas vencedoras conseguem mobilizar pessoas que façam manifestações espontâneas e descentralizadas, mas com um objetivo comum; d) a desinformação continuará como uma arma de guerra eleitoral; e) as grandes empresas, como Facebook e Twitter, cada vez mais assumirão a responsabilidade de encontrar soluções para enfrentar as *fake news*; f) a guerra da desinformação somente será vencida com uma educação para o cidadão digital; g) meios de comunicação tradicionais continuarão sendo atacados em sua credibilidade (tipo a "mídia mente"), exigindo esforço de todos nós para distinguir o conteúdo verdadeiro do falso.

Conclusão

A internet é um meio, não um fim. Não será colocando a responsabilidade nas ferramentas digitais que acharemos as respostas para os problemas que temos na sociedade democrática do século XXI. Sim, é preciso regular, dar transparência, criar mecanismos de combate aos crimes eleitorais cometidos nos ambientes digitais, porém novas perguntas exigem novas respostas. Estamos apenas engatinhando na nova era, descobrindo suas enormes vantagens e percebendo seus primeiros e não tão fáceis problemas.

Seguindo os valores democráticos, o novo cidadão digital possui mais instrumentos para revelar o que deseja de seus representantes, mais canais para acompanhar e fiscalizar os líderes políticos, mais ferramentas para organizar pessoas e revelar suas indignações, mais causas e propósitos para se engajar. A esse conjunto de ações positivas contrapõem-se as velhas práticas da política populista, oportunista e demagógica, utilizadas desde sempre nas eleições e fora delas. Como combater o desejo de manipulação, de espalhar informações falsas, de inundar nosso *feed* com ideias repetitivas daquilo que gostamos?

Em nossa opinião, assentada na experiência prática, achamos que, em vez de recuar, devemos radicalizar. Quanto mais utilizarmos instrumentos positivos, quanto mais debatermos, melhores soluções encontraremos para enfrentar os efeitos negativos das campanhas políticas nas redes.

Por fim, fica o alerta: não adianta lutar contra a evolução; para sobreviver diante do *Darwinismo digital* precisamos nos adaptar aos novos tempos da democracia digital. Charles Darwin era um gênio. Agora, todos os internautas se julgam um.

O digital conquista seu lugar à mesa

Marcelo Vitorino[18]

Era uma sexta-feira, 24 de agosto, em plena campanha eleitoral de 2018, quando o jornal *O Estado de S.Paulo* apresentou na capa a chamada: "Sob pressão, Alckmin troca responsável por mídias sociais". Na ocasião, eu era o responsável e a minha saída, segundo a reportagem, justificava-se pelo fraco desempenho do candidato nas pesquisas. Naquele dia, a notícia poderia ser outra, como a cotação do dólar explodindo a R$ 4,11 – patamar que desde janeiro de 2016 não era visto –, mas o veículo optou por ocupar o seu espaço mais valioso destacando uma mudança na equipe de um candidato à Presidência que nem era o líder nas pesquisas de intenção de votos.

Com o Lula Guimarães, marqueteiro da campanha, acertamos a publicação de uma nota na página do Facebook do candidato, desmentindo a notícia. De fato, eu já havia montado toda a operação digital e estava deixando o comando para Alexandre Inagaki, profissional de minha confiança. Eu não concordava com os rumos da comunicação; estava insatisfeito com as condições de trabalho e sofrendo pressão por resultados que nunca iriam chegar diante do quadro formado e dos recursos disponíveis para o digital. Para não me

---

18 **Marcelo Vitorino** é professor de Marketing Político na ESPM e na Presença Online. Consultor de comunicação política e eleitoral com participação em campanhas de todas as esferas, nas cinco regiões do Brasil. Autor do livro *Coisas que todo profissional que quer trabalhar com marketing político digital deveria saber*.

desligar por completo, prevendo que essa saída pudesse gerar ruídos desnecessários, ficaria somente ligado à mobilização de militantes, área que considero vital.

Em outras épocas, a mesma informação sequer teria sido noticiada. Talvez uma notinha de rodapé em algum veículo, mas jamais uma manchete de capa de um jornal de grande circulação nacional. A relevância foi tanta que, no mesmo dia, durante a coletiva do candidato, a primeira pergunta feita pelos jornalistas foi referente à minha saída. Indagado, Alckmin negou a substituição e limitou o assunto afirmando que estaria ampliando a atuação nas redes sociais.

Acredito que poucos entenderam o que estava acontecendo naquele momento. Considero que o episódio marcou o começo de um novo momento da comunicação política, colocando a internet em um papel de destaque para as campanhas brasileiras, com o assunto de interesse midiático, o que fará que novos nomes surjam e que ocorra uma melhora na profissionalização da área.

Eu já havia sinalizado que essa mudança ocorreria ainda em 2016, quando participei de algumas campanhas e pude ver que o peso do meio digital seria maior do que o televisivo em pouco tempo, mas a maior parte dos candidatos e dos profissionais de marketing preferiu dar continuidade ao que já faziam. Entendo que há quem considere meu posicionamento um tanto exagerado. Por isso, acho melhor voltarmos um pouco no tempo.

A migração para o digital e a primeira grande campanha on-line

Foi durante a vitoriosa campanha de Gilberto Kassab para prefeito de São Paulo, em 2008, que comecei a migração das ruas para o digital na política, muito por reunir um conjunto de competências que não eram encontradas em outros profissionais.

No Brasil, a campanha de Kassab foi a primeira organizada profissionalmente para utilizar a internet como meio para impactar os eleitores. Kassab (na época, pertencente ao DEM), apesar de disputar a eleição na cadeira de prefeito, era tido como o azarão, começando com menos de 5% das intenções de voto, enfrentando Marta Suplicy (PT) e Geraldo Alckmin (PSDB), ambos muito conhecidos. Naquele mesmo ano, Barack Obama foi eleito presidente dos Estados Unidos, fazendo uso profissional de ferramentas digitais focadas na arrecadação de fundos para financiar a campanha.

A empresa contratada para cuidar do digital de Kassab tinha base no sul do país, e não havia ainda profissionais que misturavam as competências necessárias. Quem conhecia sobre política e comunicação não conhecia muito sobre tecnologia. Quem conhecia sobre tecnologia, às vezes tinha conhecimento sobre comunicação, mas raramente sobre política.

Na época, enquanto as campanhas estadunidenses podiam usar redes sociais e mídia digital paga, em 2008 sequer podíamos usar a rede social de maior penetração, o Orkut. A legislação eleitoral proibia o uso de redes sociais abertas, o que acabou nos levando a implementar uma rede social fechada, chamada "K25".

Existiam outras limitações importantes, mas creio que a principal, e que persiste em muitas campanhas, era a incompreensão do responsável da campanha sobre qual o verdadeiro papel da internet e do uso das ferramentas digitais. O marqueteiro exigiu que o site contivesse apenas o programa eleitoral e alguns materiais promocionais, que o conteúdo televisivo somente poderia ser publicado no canal digital após veiculado na TV, em rede nacional. Imagine a cena: o eleitor entrava no site da campanha e a primeira coisa que aparecia era um aviso para que ele ligasse a televisão! Hoje ocorre exatamente o oposto: com pouco tempo de TV, os candidatos mandam os eleitores para a internet.

Enquanto atualmente temos "instagrammers" e "vloggers", em 2008 tínhamos blogueiros como os maiores influenciadores. Uma das ações feitas pelo time digital foi o encontro do candidato com cerca de vinte dos mais famosos na época, o que lhe rendeu certo apoio e quebrou um pouco o gelo de sua figura. Para essa finalidade, cabe mencionar também a criação do boneco virtual "Kassabinho", que se tornou muito popular. A iniciativa deu tão certo que o boneco chegou a ser reproduzido no tamanho de dois metros e acompanhava Kassab em suas agendas.

A ampliação do escopo digital

O sucesso de Obama, em 2008, foi mal interpretado pela maioria dos profissionais, que entenderam seu desempenho como resultado do uso de suas redes sociais e não pela estratégia bem-sucedida na entrega de conteúdo segmentado e na mobilização feita por meio de envios de SMS e e-mails. Esse equívoco induziu um volume significativo de profissionais ao erro, considerando que seria uma boa ideia investir em equipes com foco em redes sociais, preocupadas na gestão de comentários e no relacionamento um a um com o eleitorado.

Não é necessário ser um grande matemático para entender que há uma inconsistência lógica nessa ação. Por melhor que seja cada membro de uma equipe dedicada a esse tipo de serviço, o número de dias e horas para campanhas é limitado. Imagine que um profissional consiga fazer cerca de dois comentários por minuto, o que dá algo próximo de mil comentários por dia, caso não haja uma crise. Uma eleição, geralmente, demanda mobilização muito superior ao potencial de um profissional nessa função, e mesmo que você multiplique-os, fazendo uma força-tarefa, a conta não vai fechar. Estará usando uma equipe para atacar no varejo e não no atacado.

Em 2010, participei das campanhas de José Serra (presidencial), Orestes Quércia (Senado por São Paulo), Raimundo Colombo (governo de Santa Catarina) e Rodrigo Garcia (deputado federal por São Paulo). Entre todas, a mais bem estruturada foi a de Quércia, que infelizmente desistiu do pleito em razão da descoberta de um câncer.

Como tinha certeza de que seria candidato, Quércia investiu na sua comunicação pessoal, contratando um planejamento para sua imagem um ano antes da eleição. Apesar de ser um político muito experiente, estava fora do cenário havia alguns anos e a memória popular sobre seu nome havia se perdido. Os maiores desafios da campanha era devolvê-lo ao palco, blindá-lo de ataques e resgatar os feitos de sua carreira.

Ao estudar mais o cenário, percebi que teria de trabalhar com a base partidária para disseminar os conteúdos que preparamos, mas havia um problema enorme: a maioria dos militantes não tinha cadastro e os disponíveis estavam desatualizados. Montei um grupo para entrar em contato com todos os diretórios do PMDB e criei um circuito de palestras sobre comunicação digital. Após percorrer todo o estado de São Paulo, conseguimos reunir cerca de 4 mil filiados, cadastrados e treinados para mobilização, que eram ativados para combater boatos e também promover ações virtuais e presenciais. O resultado obtido com Quércia foi impressionante: saiu de 8% de intenções de voto, em novembro de 2009, para 23%, antes do início do período eleitoral, com praticamente nada de uso de redes sociais, pois o trabalho havia sido focado em mobilização.

Um ponto interessante de 2010 foi a tentativa de introdução de profissionais de marketing digital oriundos de outros países, coisa que voltou a ocorrer nos anos seguintes. A campanha de Dilma chegou a contratar uma equipe que fez parte da campanha de Obama, e a de Serra, antes da minha chegada, contratou um guru indiano que havia feito uma campanha presidencial na Colômbia. A nossa legislação restritiva dificultou a vida dos contratados por Dilma, e as dificuldades de entender o que é o Brasil, como idioma e cultura, impediram o guru de fazer algo produtivo.

Outra inovação da época foi o uso de transmissões ao vivo dos candidatos – não pelo Facebook, que ainda não dispunha do recurso, mas por meio de uma ferramenta chamada Mogulus. Tanto Serra quanto Dilma fizeram uso de transmissões. Cheguei a cogitar um encontro de Serra com influenciadores, como o realizado com Kassab, mas diante dos constantes atrasos de agenda achei mais prudente realizar apenas a transmissão – serviu mais pela inovação do que pelo público ativo, que não chegou a mais do que 20 mil espectadores (número baixo quando comparado à grandeza de uma campanha presidencial). No entanto, com a proibição dos showmícios (eventos que utilizavam artistas para atrair público para discursos políticos), reunir essa quantidade de pessoas ao mesmo tempo foi um feito e tanto, principalmente pela não conectividade com as redes sociais.

O amadorismo em contraste com a expectativa

Para realizar as campanhas de 2010 da forma que eu havia planejado, deparei com um cenário complicadíssimo: a falta de profissionais qualificados e com entendimento necessário. Montar o time da campanha do Quércia, por exemplo, levou cerca de duas semanas. Desenvolvemos formulários on-line para cada função, divulgamos as vagas e montamos o processo seletivo em três etapas. Da primeira delas, que era o preenchimento dos formulários, participaram cerca de 500 profissionais. Os 50 melhores foram chamados para uma entrevista pessoal e, desses, cerca de 25 passaram por testes psicológicos. Ao final de todo o processo, a equipe foi estruturada com pouco mais de dez profissionais. Pode parecer preciosismo fazer um processo tão elaborado, mas é necessário, pois o tempo e a pressão de uma campanha política não são para qualquer profissional. Muitos desistem no meio do caminho e acabam atrapalhando o resultado.

Como raramente encontrava profissionais com o conhecimento necessário, passei a organizar treinamentos para os contratados, com conteúdo sobre a dinâmica da política, legislação eleitoral, formato das eleições brasileiras, conceitos de comunicação e uso de ferramentas digitais. Abrir mão de qualificar equipes é como fazer uma peça de teatro baseada no improviso, na qual os atores precisam descobrir seus papéis e suas falas enquanto a plateia assiste. Com o tempo, esses treinamentos evoluíram para cursos com turmas abertas, origem de uma Masterclass de Comunicação Política na Escola Superior de Propaganda e Marketing (ESPM), além de cursos a distância pela Presença Online.

Infelizmente, o amadorismo ainda é muito presente nas campanhas digitais, quase sempre com equipes montadas às vésperas de uma campanha e salários muito abaixo dos oferecidos aos profissionais que atuam na televisão. Há também a constante influência de pessoas próximas aos candidatos ou dos marqueteiros.

Ao mesmo tempo, há uma pressão enorme por resultados. A conta é perversa: apesar de o digital receber entre 5% e 10% do total de investimentos de uma campanha, precisa produzir conteúdo com qualidade em tempo real todos os dias da semana, promover relacionamento com eleitores e militantes e atuar no combate aos boatos. As equipes de televisão, por sua vez, acabam com uma fatia muito maior dos recursos. Produzem programas cada vez mais curtos, com equipes numerosas e sem a pressão diária por resultados, dado que o número de programas para uma campanha majoritária não passa de 20 para um primeiro turno, passando alternadamente dia sim, dia não.

As bases para o crescimento do digital

Em 2014, tanto o Facebook quanto o Instagram já estavam estabelecidos, e tivemos o que gosto de chamar de "A era dos memes", com conteúdo produzido para entreter os eleitores, dado que os algoritmos de exposição das redes sociais privilegiavam conteúdos com engajamento (curtidas, comentários e compartilhamentos). O WhatsApp estava começando a ser utilizado nas campanhas. Porém, o crescimento do digital acabou não sendo um produto exclusivo do seu mérito, mas sim de duas reformas políticas realizadas em 2015 e 2017.

Na reforma de 2015, a legislação proibiu a utilização de doações empresariais, que eram a maior fonte de recursos das campanhas brasileiras. Reduziu também o período eleitoral e a duração do horário eleitoral gratuito no rádio e na televisão, impondo um limite no uso de bases de dados de terceiros aos candidatos, e também colocando um teto para os gastos em campanhas.

Em 2017, foram adicionadas regras que abriram espaço para a pré-campanha, bem como a facilitação para o financiamento individual por meio de plataformas de arrecadação on-line; as primeiras regras que vetavam a contratação de profissionais para prejudicar outras campanhas; e a implementação do que considero um divisor de águas no marketing político digital brasileiro: a liberdade para impulsionamento de conteúdos em redes sociais – o que, na prática, permitiu aos candidatos fazer propaganda paga na internet.

Com os recursos cada vez mais escassos, candidatos e marqueteiros tiveram de reduzir seus orçamentos, buscando soluções alternativas para realizar as campanhas feitas nos anos anteriores, quando, geralmente, o vitorioso de uma majoritária gastava cerca de 50% mais do que o segundo lugar. Nas eleições proporcionais a distância era ainda maior, com vitoriosos gastando em média seis vezes mais do que os derrotados.

Em 2016, cheguei para o segundo turno da campanha de Marcelo Crivella para a prefeitura do Rio de Janeiro. Além do uso regular das redes sociais, a campanha teve, no WhatsApp, o meio para estabelecer a comunicação com grupos de apoio ao candidato. Com equipes distintas e que pouco se conversavam, a televisão e a internet conseguiram produzir uma boa campanha transmídia. Nos programas e nas inserções televisivas foram colocadas chamadas para uma página de mobilização, o que ajudou a cadastrar mais de 10 mil militantes em poucos dias.

Acredito que um dos motivos para o sucesso do trabalho desenvolvido pela equipe digital tenha sido a liberdade dada pelo candidato. Durante todo o segundo turno, nenhum programa veiculado na televisão foi publicado nas redes sociais. Em vez dos programas, apostamos em vídeos e gráficos que traduziam as propostas, com linguagem digital, bem como informações para combate a boatos e materiais para mobilizar militantes. A internet atuou positivamente em duas situações emblemáticas: na superação de uma matéria veiculada pela revista *Veja*, que estampou uma foto do candidato preso 25 anos antes, e na realização do maior evento da campanha, um comício na Cinelândia, local preferido do adversário, na véspera do último debate.

No primeiro caso, inicialmente a campanha pensou em realizar uma coletiva, mas o candidato optou por gravar um vídeo explicando a situação da suposta prisão e publicá-lo em seus canais, sendo disseminado pelas redes dos militantes. Em menos de 24 horas o vídeo já tinha mais de 5 milhões de acessos, sendo divulgado também pelos veículos tradicionais de imprensa. Para o evento na Cinelândia, toda a mobilização se deu pelo meio digital e sem grande apoio partidário, dado que o partido de Crivella não tinha uma coligação grande. Organizado e divulgado por listas de transmissão e em grupos de militantes, cerca de 10 mil pessoas compareceram ao local.

Mais comunicação, menos marketing

A eleição de figuras até então desconhecidas, como a de Romeu Zema para o governo de Minas Gerais, Wilson Witzel para o governo do Rio de Janeiro e até mesmo a de Jair Bolsonaro para a Presidência – que, com pouco tempo de televisão e sem coligações numerosas, conseguiu superar adversários tradicionais –, deve ter contribuído para o espanto daqueles que não se atentaram às mudanças promovidas pelo digital.

O que aconteceu? Foi uma onda de direita? Foi a guerrilha de WhatsApp? A insatisfação das pessoas com a velha política? O desgaste dos partidos tradicionais? O efeito da Lava Jato? Posso afirmar que foi um pouco de tudo, mas, se for para definir o fator mais importante, aposto na importância da construção de uma narrativa sólida.

O príncipe Luiz Philippe de Orléans e Bragança foi eleito deputado federal pelo PSL com 118 mil votos, sem nunca ter exercido cargo público, nem ter padrinho político. Ocorre que a construção de sua candidatura não foi algo de última hora. Quando o conheci, Luiz era um cidadão indignado, com vontade de mudar as coisas, mas sem saber por onde começar. Em 2014 ele fundou um movimento de rua apartidário, o Acorda Brasil, e daí começou o processo de exposição dos seus posicionamentos. Desde então, utilizou a internet em muitas transmissões ao vivo para difundir as suas ideias; posteriormente, publicou um livro sobre os problemas do Brasil, o que lhe permitiu realizar palestras sobre o tema. Foi a construção dessa narrativa, em conjunto com as alterações nas últimas reformas políticas, que lhe deu as condições eleitorais necessárias para a vitória.

Já a eleição de Zema não atende bem a esses requisitos, mas teve na disseminação de mensagens pelo WhatsApp o principal meio para levar suas propostas à população. O cansaço do eleitorado com os partidos tradicionais e o desgaste com os escândalos envolvendo os partidos adversários também contribuíram.

Já Wilson Witzel contou com uma estratégia muito bem elaborada de anúncios no Google e no YouTube, bem como com o apoio de grupos simpáticos a Jair Bolsonaro, mobilizados pelo WhatsApp.

O fenômeno Bolsonaro é o mais fácil de explicar, dada a construção de uma narrativa ao longo de anos, com posicionamentos duros e polêmicos – isto é, tudo o que um político tradicional evita normalmente. Não sei exatamente se foi feito de forma racional, mas Bolsonaro posicionou-se, desde o início, como um candidato conservador, com pautas distantes das minorias, em favor da família tradicional, combatente da corrupção, apoiador da Operação Lava Jato, pregando o endurecimento nas leis de combate à criminalidade e, não menos importante, como o inimigo número um do PT e do ex-presidente Lula. Com essas características, sagrou-se como o único candidato viável a receber os votos dos eleitores conservadores, incluindo os religiosos. Com exceção de Amoedo, que se candidatou para defender a ideologia liberal, todos os demais defendiam a chamada Social Democracia.

Nessa composição, os votos dos eleitores adeptos de políticas públicas inclusivas e sociais acabaram dividindo-se entre Fernando Haddad, Ciro Gomes, Geraldo Alckmin, Álvaro Dias, Henrique Meirelles e Marina Silva. Os votos dos liberais acabaram migrando para Bolsonaro, para evitar uma suposta vitória do candidato do PT.

Muita gente questiona se a disseminação das notícias falsas teve papel preponderante nessa eleição. Minha visão é muito pragmática: diante de uma narrativa bem construída ao longo de anos, até mesmo as notícias verdadeiras não surtem efeito. Sendo assim, não foram as *fake news* as grandes responsáveis, mas sim o amadorismo da política tradicional em não entender que as condições eleitorais mudaram nos últimos anos.

Ideologicamente conservador na política, Jair Bolsonaro foi, ironicamente, o candidato mais progressista na comunicação, elencando desde o princípio os seus canais como meio de comunicação, enquanto os demais continuavam no velho formato de usar a mídia tradicional para levar seus discursos. Bolsonaro também entendeu que na internet as pessoas querem ver posicionamentos firmes e contundentes, feitos de forma que pareçam espontâneos e verdadeiros, mesmo que isso custe a animosidade de grupos. Provavelmente fez as contas e viu que para ser eleito presidente bastaria que um em cada três brasileiros votasse nele, não sendo necessário que todos gostassem de suas propostas. No caso da eleição presidencial, a disputa aconteceu muito antes do período eleitoral, quando o marketing e a política tradicional sempre foram preponderantes.

As eleições brasileiras nunca mais serão as mesmas, e os próximos postulantes terão de pensar em estratégias que contemplem períodos de dois a quatro anos, com mudanças significativas para grandes e pequenas campanhas. As grandes, para pleitos em cidades com mais de 200 mil habitantes, terão de lidar com a mudança de seu epicentro de comunicação, que sairá das telas dos televisores para as telas dos celulares. As pequenas, que em sua maioria são proporcionais, precisarão aprender a estabelecer relacionamento direto com os eleitores, eliminando ou reduzindo a presença de intermediários, como, por exemplo, lideranças comunitárias ou representantes de classes.

Em qualquer um dos casos, a vitória provavelmente estará ao lado de quem abandonar as velhas práticas, adotar um novo entendimento acerca da visão da população, e sua relação com a política e com os meios de comunicação. A partir disso, o candidato deve usar melhor o tempo disponível para estabelecer uma mensagem única, consistente, capaz de suportar ataques de adversários, enfrentar coligações partidárias mais fortes e criar vínculos emocionais com o eleitor.

Panorama do marketing político digital e alguns conselhos

Samantha Teixeira[19]

Em 2012, os brasileiros davam os primeiros passos na utilização do Facebook como ferramenta de interação nas redes. Poucos imaginavam a dimensão e a importância que essa prática teria nos dias de hoje para a eleição ou não de um candidato.

Minha primeira campanha foi para um candidato a prefeito de Jundiaí, uma cidade do interior de São Paulo. Ela estava nas mãos do PSDB havia muitos anos e com forte apelo para que um rosto novo assumisse a prefeitura. O meu candidato era do PCdoB e parecia ser uma grande aposta para parte da população. O cenário era favorável, afinal, todos estavam engajados na causa de acabar com um suposto coronelismo ali instalado.

Logo nessa primeira experiência percebi que o histórico político e o momento vivenciado pela população são fatores determinantes para o bom andamento, ou não, de uma campanha eleitoral. Eu me aproximei dos cidadãos e fui conhecendo os principais problemas da cidade. Passei a conhecer tudo e a todos como se eu também morasse ali. Quanto mais estivermos munidos de informações, mais eficazes serão as estratégias

---

19 **Samantha Teixeira** é psicóloga formada pelas Faculdades Metropolitanas Unidas - FMU e pós-graduanda em Psicologia Analítica pela Abordagem Junguiana na Universidade Municipal de São Caetano do Sul – USCS. Possui experiência em marketing digital em diversas campanhas políticas para prefeitos, deputados e governadores, além de expertise em gestão das redes de instituições públicas.

para chegar a determinado eleitorado e propor soluções reais para situações cotidianas.

Quanto menor a cidade, maior é a influência de famílias de renome na região. Apesar do apoio popular para tirar um partido que tinha a máquina pública nas mãos por muitos anos, a influência dos que ali estavam no poder era muito forte. Contatos, apoios e alianças são importantes, e nem todos estão dispostos a perder tal prestígio. Apesar do cenário parecer favorável, toda campanha eleitoral representa um grande desafio. Em poucos dias, muitas coisas mudam. Não há como prever e contar vantagem antes da hora. É preciso salientar que nesse período sobre o qual estamos falando não existiam as *fake news*. Pelo menos, não como existem hoje. Havia matérias, blogs e memes de ataque, mas tudo parecia ser mais pueril e inofensivo.

De um modo geral, é muito importante que a escolha do conteúdo seja feita a dedo e direcionada a quem gostaria de recebê-lo. O escopo do trabalho era principalmente a disseminação dos nossos conteúdos em grupos com seus respectivos temas – coisa que na atualidade é feita em escala por meio de robôs. Ainda assim, no Facebook nem todos participam ativamente curtindo, comentando ou compartilhando. Existem muitos usuários que apenas leem os comentários, argumentos e contra-argumentos e tiram suas próprias conclusões. E é nessas pessoas que precisamos chegar.

No ano seguinte, 2013, após a vitória nas urnas, dei início ao acompanhamento de gestão pelas redes sociais. Isso também era novo e diferente para mim. Todo o trabalho de conquistar militantes virtuais deveria ser mantido, com divulgação de ações que estavam sendo realizadas durante a gestão. Quem antes apoiou o candidato nas redes continuava ali, mas agora fiscalizando e cobrando.

Realmente era importante haver manutenção das relações criadas no período eleitoral. O candidato eleito precisa ter a mentalidade de que mais importante do que fortalecer sua imagem para o eleitorado é se manter aberto e acessível aos anseios da população. A opinião dos cidadãos é um termômetro para o governante, são eles que apontam os erros e acertos, o que deve ser mantido e o que deve ser mudado.

Não deve haver espaço para ego na política. É preciso ter maturidade para aperfeiçoar a arte de governar. Até porque, caso o político tenha perspectivas em longo prazo, é preciso que ele percorra uma trajetória da qual se orgulhe, ou seu caminho será muito mais árduo. Ao contrário do que dizem, o povo não tem memória fraca.

O marketing político durante a gestão muito se assemelha ao da campanha, mas os desafios são outros. É notada uma mudança na reação das pessoas aos conteúdos publicados na página do candidato no Facebook. Durante a campanha, as pessoas possuem expectativas: podem endeusar determinado candidato, achando que em poucos meses após assumir a prefeitura, governo ou presidência mudará todas as questões problemáticas de mandatos anteriores. Mas nem sempre é assim. Existem problemas estruturais que precisam ser amplamente discutidos e estudados para que soluções reais também sejam encontradas, e não somente medidas paliativas. Logo, é preciso haver uma boa comunicação desses entraves. O internauta precisa participar de todos os processos para acompanhar o que está sendo feito, quais saídas estão sendo buscadas para que o lugar em que vive seja melhorado.

Além das expectativas dos próprios apoiadores do candidato, há também a resistência de quem não o queria ali. É preciso levar em conta que um candidato, se eleito, governará para todos e não só para quem o escolheu, apoiou e votou. Haverá muita resistência, que precisará ser pouco a pouco desconstruída. Caso contrário, será mais um problema enfrentado em uma reeleição ou candidatura para um cargo mais elevado.

Após dois anos conhecendo mais sobre a política e as mídias digitais, tive uma experiência muito interessante em 2014. Integrei um movimento que não era partidário, tampouco visava a eleição de um candidato preestabelecido. Era um apelo popular para que um grande nome da política nacional e internacional voltasse a ocupar o seu espaço. Houve aderência por parte de seus admiradores. A liderança, contudo, foi mandada para escanteio pelo partido. Por mais que eu já soubesse como ocorre uma campanha na internet, eu ainda precisaria conhecer um pouco mais sobre o funcionamento da política partidária e suas prévias.

Existem certos limitadores que nenhuma estratégia de campanha on-line é capaz de superar. Na política é assim. Não importa quão bom seja o marketing se o candidato não colaborar com a campanha, por exemplo. Até porque existem candidatos que não param de produzir matérias ruins a seu próprio respeito. É preciso que haja colaboração.

Ninguém apoia e vota em partidos rachados, chapas que discordam e explicitam o tempo todo sua incoerência. Eu não estava habituada com uma campanha sem êxito, mas esse foi mais um aprendizado. Durante o caminho eu fui perdendo o romantismo.

O próximo desafio não demorou muito para aparecer. Foi no ano seguinte, 2015. Pela primeira vez, eu trabalharia alocada em um gabinete de apoio parlamentar do Senado Federal. Nunca havia visto a política tão de perto. A vida em uma agência de publicidade era bem mais distante do que aquilo representava.

Eu estava trabalhando para uma senadora que acabara de mudar de partido. Apesar de ser uma das principais fundadoras do partido de origem, ela passava por uma séria crise ideológica e moral. Os políticos precisavam se reinventar de alguma maneira. Não mais poderiam ter seu nome associado a escândalos.

Mudanças apresentaram-se como grandes entraves em sua campanha à prefeitura de São Paulo em 2016, e o contexto instável fez com que a candidata perdesse o voto do eleitorado que já possuía. Ela precisava, então, ganhar o apoio dos que agora estavam mais de acordo com suas crenças e opiniões. Nas redes, era importante buscar quem compreendesse essa mudança – quem, assim como ela, também havia se decepcionado. Apesar de todos os esforços, a senadora não foi eleita para a prefeitura da cidade, e anos depois declarou se retirar da vida pública.

Em 2017, estive à frente das redes sociais de alguns prefeitos. E foi nesse ano que muitos, finalmente, entenderam a importância das redes sociais para fazer política. Acredito que alguns prefeitos do PSDB tenham sido os pioneiros nessa prática, dividindo opiniões de quem até então não tinha entendido que um governante precisa de uma ferramenta de transparência e diálogo. A maioria gostou de tal postura, já outros continuaram achando que isso era apenas marketing. No entanto, o marketing não deveria ser visto como algo ruim. É preciso saber fazê-lo. Mais importante do que ser um governante ativo, que realiza melhorias para a cidade, é saber como comunicar isso às pessoas que o seguem nas redes sociais. É preciso levar a informação a quem interessa.

Finalmente, em 2018, adquiri novos conhecimentos por meio de uma experiência que nunca havia tido: fazer campanhas para deputados federais e estaduais. O que mais me chamou a atenção foi o engajamento de apoiadores que os conheciam, dependendo das bandeiras que levantavam, como foram as causas animal e ambiental. Pessoas ligadas a ONGs eram as principais a lutar pela eleição daquele candidato que representava as causas que elas defendiam. Eram pessoas que levavam o candidato até mais longe, eram verdadeiras porta-vozes.

Cito como exemplo um candidato a deputado federal do interior paulista, muito forte na região. Foi um representante que trouxe grandes conquistas e obteve expressivo reconhecimento da população – apesar de haver um tipo de rivalidade e até ciúme entre as cidades vizinhas, que manifestam o desejo de serem contempladas por igual. No entanto, muitas pessoas que estão à deriva da política só procuram se engajar e escolher um candidato nas últimas duas semanas antes das eleições, principalmente se a escolha for por um deputado. É importante, assim, não bombardear os internautas com informações sobre o candidato antes da hora. Foi pensando nisso que baseei os tópicos de um Workshop sobre Marketing Político Digital que ministrei para cerca de 300 candidatos políticos do interior paulista. Antes que o período eleitoral se iniciasse, passei pelas cidades de Presidente Prudente, São José do Rio Preto, Araçatuba e Fernandópolis. A viagem tinha como objetivo dialogar sobre a importância das redes sociais para uma campanha política. Transmitirei os conselhos no final deste artigo.

Por fim, nestes seis anos trabalhando com política e marketing digital, pude comprovar grandes avanços. O Instagram e o WhatsApp são importantes destaques devido à crescente ascensão de ambos. Muitos usuários estão migrando do Facebook para essas redes e é preciso que o candidato esteja em todos os meios. Ele não pode ficar, de modo algum, apegado a uma rede, refém de possíveis bloqueios e derrubadas, principalmente no período eleitoral.

Os bons resultados conquistados pelas redes sociais podem ser comprovados. O trabalho desenvolvido no meio digital pode ser determinante na hora de eleger um candidato. As redes são o chamariz, um primeiro contato para pessoas que desconhecem um candidato chegarem até ele. E isso faz toda a diferença. Muitas pessoas preferem se abster e não admitir a importância do marketing político digital, levando em consideração apenas o off-line, o boca a boca, o corpo a corpo, que também é importante – em algumas regiões, mais do que em outras.

No entanto, não podemos ignorar os benefícios reais da campanha política na internet. Hoje em dia, muitas pessoas possuem redes sociais. Só que muitas vezes são subutilizadas ou utilizadas de maneira errada. Isso pode não trazer resultado ou até mesmo resultados negativos. Por isso, precisamos nos inteirar e tratar o assunto com seriedade. É preciso profissionalismo e expertise. Afinal, navegar na internet também é fazer política!

Alguns conselhos

- É importante saber a frequência com que a página do candidato precisa ser alimentada, considerando se há pautas interessantes. O ideal não é "encher linguiça", até porque os conteúdos apresentados precisam ser de interesse do seguidor. Os primeiros segundos após a publicação de um *post* são cruciais para o seu bom desempenho ou não.

- Os conteúdos que apresentam melhor aderência são visuais, como imagens, gifs e vídeos. Consumimos informações muito rapidamente. Recebemos inúmeras notificações em questão de minutos. Os internautas não têm mais paciência para a leitura de textos extensos. Por isso é preciso usar imagens que apresentem o assunto central de maneira sucinta.

- Outra estratégia para gerar engajamento em um *post* é utilizar uma pergunta aberta no final do texto de apoio, como, por exemplo: "E você, o que acha?" ou "Qual a sua opinião sobre isso?". Isso faz com que o usuário se sinta consultado e se proponha a escrever nos comentários realmente o que pensa sobre o assunto. Só que, mais importante do que gerar engajamento ou iniciar uma campanha ou ação participativa, é que o candidato dê um feedback aos participantes.

- As transmissões ao vivo vão ao encontro do dinamismo da internet, no qual se faz necessário que os acontecimentos sejam transmitidos em tempo real. Além da cobertura de importantes entregas e eventos marcantes, as transmissões ao vivo também podem ser utilizadas para que o candidato converse com seu eleitorado.

Um horário seria marcado para que os eleitores estivessem on-line e participassem da *live* com perguntas, dúvidas e sugestões. O candidato responderia no momento em que os comentários fossem feitos, passando credibilidade, já que não há como se preparar para questões levantadas na hora. É preciso que o candidato tenha um bom jogo de cintura e saiba lidar com imprevistos.

- O Instagram também começou a ser bastante utilizado nas eleições de 2018. Um mecanismo que ainda não existia em campanhas anteriores é o *stories*. Atualmente é possível que os candidatos registrem pequenos trechos de sua rotina e fatos cotidianos nos *stories* do Instagram, que ficam disponíveis para visualização por 24 horas e desaparecem em seguida. O que pode ser abordado nesse espaço? A vida pessoal do candidato ou pequenos fragmentos do que ocorre nos bastidores.

- O candidato deve sempre mostrar um pouco de sua vida pessoal. Quando se aborda apenas assuntos políticos, o *feed* torna-se maçante. É evidente que, para os internautas, a apresentação de propostas e de um programa de governo é imprescindível. No entanto, muitos candidatos utilizam as redes sociais apenas como plataforma de autopromoção e isso não se sustenta na realidade. O ideal é que almoços com a família, aniversários, batizados, casamento, entre outros acontecimentos particulares, também sejam explorados. Conteúdos que despertem a empatia dos seguidores ao perceberem o candidato como, acima de tudo, um ser humano.

- Cada rede social possui o seu próprio formato. O Facebook, por exemplo, permite a publicação de matérias e textos mais extensos; já o Instagram é uma rede social completamente visual. O ideal é adaptar um mesmo tema aos diferentes formatos, a fim de atingir a todos os públicos.

- Uma das ferramentas que revolucionaram o Facebook, e depois também o Instagram, é a ferramenta de negócios. As redes sociais tornaram-se comerciais. Muitas pessoas as utilizam como plataforma para a captação de clientes, compra e venda. Assim, tornou-se necessário que seus usuários começassem a investir dinheiro nisso. Só que mais importante do que apenas investir dinheiro é fazer um afunilamento da informação. A quem esse conteúdo interessa? É possível fazer a seleção do público-alvo para o qual os *posts* estarão destinados.

- Outro caso é escolher o público-alvo para um conteúdo novo, que nunca fora abordado na página em questão: levantar uma nova bandeira, defender uma nova causa, conquistar um novo reduto. Se esse é o intuito, o conteúdo precisa estar destinado a pessoas que estão fora da sua base de curtidas e seguidores. O impulsionamento deve ser feito para que novos usuários passem a conhecer, curtir, acompanhar e apoiar o candidato. E para que, a partir daí, esse apoio se converta em voto.

- O WhatsApp é uma rede social que ganhou muita força em 2018 e faz grande diferença na hora de adquirir informação. Para que o candidato consiga uma agenda de contatos, é preciso que ele tenha um meio de conseguir os dados do eleitorado em tempo hábil. Formulários podem ser disponibilizados como cadastro em sua página do Facebook para eleitores que tenham interesse em conhecer mais sobre o candidato. Assim, podem ficar por dentro da agenda de campanha e das propostas de governo.

- Com o número de telefone dessas pessoas que se inscrevem espontaneamente, é possível fazer grupos e listas de transmissão. Os grupos apresentam características bem próprias. Podem ser considerados clãs com suas regras, com um moderador e pessoas que estabelecem um relacionamento. Há quem puxe assunto, há quem crie polêmica, entre outros. Já as listas de transmissão são contatos feitos de maneira individual, nas quais a conversa é mantida a dois. É preciso traçar o perfil de cada um para entender qual é o melhor modo de chegar àquela pessoa.

- O WhatsApp é uma rede social um pouco invasiva. Diferente das outras, no WhatsApp a notificação chega a você. Por isso, é importante ter o bom senso para não disparar mensagens para as listas de transmissão às 6 horas da manhã, por exemplo. Isso faz com que a pessoa possa desistir de votar por causa do inconveniente.

Campanhas eleitorais durante o eclipse na política

Victor De Martino[20]

Vivemos um eclipse na política[21]. Quem de nós se sente plenamente representado por aqueles eleitos para nos representar? Quem acredita que o sistema político ainda é capaz de resolver problemas? Quem acha que os partidos estão capacitados para fazer a intermediação entre a sociedade e os tomadores de decisão? "Criou-se um fosso intransponível entre os supostos representantes e os que deveriam ser representados. Nem os eleitos se julgam na obrigação de representar os eleitores, nem os eleitores se sentem representados pelos eleitos" (Abranches, 2017, p. 233). Portanto, propaga-se a convicção de que a política é perda de tempo, pois os políticos continuarão fazendo o que bem entendem para melhorar a vida deles (Judt, 2011, p. 127). Nada disso é novo. Mas talvez tenhamos chegado ao ponto no qual a luz do sol foi totalmente bloqueada.

---

20 **Victor De Martino** é formado em Jornalismo pela Universidade de São Paulo (USP) e atua com comunicação política. Foi repórter em veículos como *Veja* e BBC, assessor de comunicação internacional da prefeitura do Rio de Janeiro, diretor de comunicação do movimento Agora!, participou de diversas campanhas eleitorais para prefeituras e governos estaduais e atualmente é gerente de conteúdo e jornalismo no Sesi-SP.

21 Hipótese apresentada por Franklin Leopoldo e Silva durante o ciclo de palestras "Mutações – A outra margem da política", organizado na Casa do Saber, em 2018, por Adauto Novaes.

A vitória de Jair Bolsonaro nas eleições de 2018 certamente não é a causa desse eclipse, mas em grande parte é consequência. Nenhum outro político no Brasil representou tão bem esse sentimento de revolta popular perante o sistema político. Ninguém soube transmitir aos brasileiros essa capacidade de derrubar a estrutura.

Neste texto, proponho-me a contribuir para uma discussão sobre como realizar campanhas eleitorais, em especial no ambiente digital, durante esse eclipse. Campanhas nada mais são do que um ato de comunicação. Como praticá-lo nesse contexto no qual as pessoas não querem dialogar e em que o ódio superou a esperança e até mesmo o medo? Considerando o uso das redes sociais e do WhatsApp – no qual o conceito de verdade foi subvertido, o alcance das mensagens aumentou exponencialmente e a capacidade de dialogar às vezes parece inexistente –, qual é o caminho? "Que tipo de mensagem e de linguagem terá força para chamar a atenção, gerar engajamento e viralização nesse mundo de conectividade?" (Moura e Corbellini, 2019, p. 162).

As respostas para essas perguntas são bem importantes, não apenas para nos garantir resultados profissionais, mas também para assegurar que nosso trabalho ajude a proteger a democracia. O cientista político espanhol Innerarity observa que "[...] talvez estejamos fazendo um diagnóstico errado da situação, como se a origem de todos os nossos males fosse o poder da política e não sua debilidade" (2017, p. 22). É disso que se trata o momento atual. Em vez de negar a política, é preciso compreender seu papel e renová-la, aprimorá-la.

O caminho fácil é recorrer a práticas nocivas que explorem essa indignação para ter sucesso. As eleições no Brasil em 2018 provaram isso, particularmente por meio do discurso de ódio e pela disseminação desenfreada de *fake news* em pleitos ao redor do país. O caminho difícil é estar do lado certo da história e impedir que entremos em uma "ladeira escorregadia e perigosa" (Judt, 2011, p. 128). Acredito que, como todo eclipse, o da política vai passar. A dúvida é sobre qual realidade político-social encontraremos depois.

Pretendo discutir neste capítulo como podemos conquistar seguidores, parceiros ou votos em um cenário tão polarizado. Para atingir o objetivo, vou concentrar-me em duas das inúmeras questões relacionadas às campanhas eleitorais: a guerra de informações e um novo pacto entre políticos e cidadãos.

Guerra de informações

Imprensa, debates, redes sociais, WhatsApp, programas eleitorais etc. são todos parte do campo de batalha da guerra de informações durante as campanhas eleitorais. Estamos falando de um aspecto fundamental em qualquer pleito, que não é restrito à apresentação do currículo pessoal e profissional do candidato, acompanhado de suas propostas. Criticar o oponente, seja por sua trajetória, seja por suas ideias, é absolutamente legítimo e necessário. Desconstruir a imagem dos adversários e fortalecer a sua é parte do jogo democrático. A questão é quais armas e quais táticas devem ser usadas nessa disputa.

As *fake news* tomaram conta do jogo e vêm interferindo nos resultados de pleitos em diversas grandes democracias do mundo, impulsionadas pelos disparos massivos de WhatsApp – que, diga-se de passagem, sempre envolvem algum nível de ilegalidade. Em tempos de eclipse na política, o risco representado pelas *fake news* é gritante. O primeiro passo evidente é não nos tornarmos veículos de produção nem de disseminação desses conteúdos.

Se o apelo baseado na responsabilidade pelo futuro da nossa democracia não for suficiente, destaco então o risco para qualquer campanha de ser flagrada disseminando notícias comprovadamente falsas. Embora a sensação atual seja de impunidade, a chance de uma candidatura perder a credibilidade e ver o tiro sair pela culatra existe. No mínimo, pode ser forçada a conceder direito de resposta.

Isso, é claro, se tiver utilizado canais oficiais da campanha. Se o ataque partir de perfis falsos nas redes sociais, ou mesmo disparos não registrados de WhatsApp – ambas as práticas muito comuns –, a verdade é que hoje o sistema ainda está distante de conseguir comprovar autoria e de punir os responsáveis na maioria dos casos. Repito: hoje. Porque isso tende a mudar. As próprias gigantes do mundo virtual, como Facebook e Google, estão adotando medidas para enfrentar a disseminação de *fake news* e os órgãos de controle se debruçam sobre o problema.

A questão é que, se estamos preocupados com o eclipse da política e queremos sair vitoriosos das disputas eleitorais, precisamos fazer isso com base em informações verídicas e muito bem apuradas. Parte do trabalho que desempenhei em todas as campanhas nas quais atuei foi justamente o de fazer investigação jornalística para saber pontos de vulnerabilidade dos oponentes. Desde que a apuração respeite as leis, está na regra. Assim como está disseminar as informações obtidas por meio da imprensa, de material impresso, das redes sociais ou mesmo em debate na TV.

Há alguns anos, por exemplo, levantamos o histórico de projetos de lei e de emendas orçamentárias de um adversário que havia sido deputado federal por mais de dez anos. Ele vinha criticando ferozmente a política de segurança pública de meu candidato. Porém, nosso levantamento demonstrou que ele não havia apresentado nenhum projeto de lei, assim como nenhuma emenda ao orçamento, voltados para segurança pública. Confrontado com essa informação em um debate na TV, o adversário perdeu o argumento e a compostura.

Em outra disputa, enfrentamos um adversário que tinha como principal bandeira a sua atuação no combate ao crime organizado, inclusive tendo sido membro de uma CPI com essa finalidade. No entanto, nosso trabalho jornalístico revelou que havia, entre os candidatos a vereador de seu partido, uma pessoa suspeita de integrar a tal organização criminosa. E a informação constava justamente do relatório da CPI da qual o nosso adversário havia participado. Pior, nas redes sociais de colegas de partido havia diversas fotos dos dois juntos em agendas de campanha. A informação verídica e comprovada foi transmitida à imprensa local, que noticiou. Essa evidente incoerência entre discurso e prática virou uma bela dor de cabeça para o nosso então adversário.

Agora, cabe uma reflexão. A situação seria bem diferente hoje. Na campanha da qual participei no ano passado, grandes veículos de imprensa publicaram reportagens negativas envolvendo todos os principais candidatos. No entanto, a impressão que ficou é de que o impacto nas respectivas candidaturas foi quase nulo.

Se a reportagem sobre o candidato a vereador envolvido com o crime organizado foi uma pedra no sapato para o nosso adversário há alguns anos, talvez hoje nem lhe causasse incômodo. O que mudou? O papel da imprensa tradicional. Naquela ocasião não havia o WhatsApp, e Facebook e Twitter ainda não tinham o peso atual. Assim, uma notícia em um veículo jornalístico tinha um impacto bastante significativo. Hoje, porém, não tem o mesmo efeito, o que fortalece o papel das ferramentas digitais na guerra de informações de uma campanha eleitoral.

E se for o contrário: se o seu candidato for vítima de ataques ou boatos negativos? Antes de mais nada, pode ter certeza de que será. Portanto, esteja preparado. Uma eficiente ferramenta de monitoramento de redes sociais e de grupos de WhatsApp é fundamental, assim como profissionais capacitados para analisar os resultados, pois o olhar humano ainda é indispensável.

Identificado o ataque, a primeira regra de ouro, antes de sair respondendo, é avaliar seu impacto. Muitas vezes uma notícia negativa está restrita a um círculo muito pequeno de pessoas, mas o candidato ou seu grupo mais próximo acredita que está "bombando no WhatsApp". Cabe ao profissional de comunicação avaliar quantas e quais pessoas receberam de fato essa mensagem. É preciso pesar a abrangência porque, muitas vezes, ao responder a um boato ou a um ataque, você acaba aumentando sua exposição.

Em uma situação como essa, ficar investindo tempo e recurso para explicar o caso pode ser perda de tempo, ainda mais porque a população está com ódio da classe política, e parte do pressuposto de que todos são culpados. Então, a campanha deve sempre responder com poucas palavras e com fatos muito concretos e objetivos todas as vezes que for indagada sobre o tema em debates, entrevistas ou comentários nas redes sociais. Nunca deixe um ataque sem resposta, mas não traga o assunto à pauta espontaneamente, nem perca muito tempo tratando dele. Prefira focar as energias da campanha para falar de outras questões, como propostas ou críticas aos adversários. Se o assunto lhe é desfavorável, não permita que a campanha fique centrada nisso, porque é um terreno problemático.

Vou dar um exemplo recente, da disputa em segundo turno pelo governo de São Paulo entre João Doria (PSDB) e Márcio França (PSB), que demonstra bem essa guerra de informações durante uma campanha. Para o tucano, era estratégico que o debate ficasse concentrado na questão "direita x esquerda". Quanto mais ele ligasse o então governador ao PT e similares, mais fácil seria sua vitória. Portanto, levantou e exibiu todo tipo de fato que comprovasse essa afinidade. Já no caso do candidato do PSB, esse campo de batalha era certeza de derrota, diante da rejeição ao PT e à esquerda no estado de São Paulo. Então, França focou sua campanha em convencer o eleitor de que Doria teria sido um mau prefeito de São Paulo e que abandonou o cargo no meio do mandato, descumprindo a promessa feita durante a campanha de 2016. Trouxe à tona fatos demonstrando que o ex-prefeito da capital paulista não cumpria suas promessas. Em suma, França buscou escapar da discussão "esquerda x direita" para focar na questão de qual candidato "tem palavra". A estratégia foi correta e conseguiu tornar o segundo turno bem mais equilibrado do que muitos imaginavam, embora o favoritismo do tucano tenha prevalecido.

Em síntese, na guerra de informações, busque estabelecer o campo de batalha em vez de permitir que o adversário o defina por você. Aceite que esse embate faz parte da disputa e que é fundamental estar preparado para lidar com os ataques recebidos, ao mesmo tempo que usa as informações relevantes levantadas sobre adversários a seu favor, em especial considerando as redes sociais e o WhatsApp – visto que a imprensa, assim como o horário eleitoral gratuito, já não tem o mesmo peso de outros pleitos.

Um novo pacto entre políticos e eleitores

Voltemos a considerar o eclipse na política. À frente de campanhas eleitorais digitais, como podemos ajudar os políticos a reconstruir sua relação com o eleitorado e, assim, não apenas ter sucesso na empreitada eleitoral, como também ajudar a colocar nossa democracia no rumo certo?

Olhando para os exemplos de Donald Trump e de Jair Bolsonaro, independentemente de qual seja nosso sentimento a respeito deles, é preciso reconhecer que ambos são bastante autênticos: dizem aquilo que lhes vem à cabeça. Ambos nos ensinam algo sobre os tempos atuais. A meu ver, o primeiro princípio desse novo pacto entre eleitores e políticos é o da autenticidade.

As eleições de Trump e Bolsonaro deixam bastante claro que a população cansou de discurso ensaiado, palavras testadas uma a uma em pesquisas para pautar aquilo que o candidato deve dizer e quando. As pessoas valorizam mais a espontaneidade que a precisão. O cidadão, que se sente enganado, tende a confiar mais naqueles que falam abertamente e que têm a coragem de se posicionar. Assim, a comunicação política precisa aprender a correr o risco de ser espontânea e aceitar que não vai agradar a todo mundo.

Essa lição vale muito para as redes sociais e o WhatsApp. É claro que a busca pela qualidade do conteúdo e da forma das publicações e mensagens é importante. Só que muita gente investe tempo produzindo materiais "bonitos" que não têm a autenticidade necessária, nem a devida conexão com o próprio candidato ou com seu potencial eleitor. Assim, é preciso entender que um conteúdo mais simples, direto e autêntico tem bem mais potencial de furar a barreira da rejeição popular do que outros muito elaborados.

Um bom exemplo é a transmissão ao vivo, na qual o candidato dirige-se diretamente ao eleitor e, por que não, responde a perguntas. Ou então vídeos simples, em que o próprio político, ou assessor, segura o celular para passar seu recado diretamente aos seguidores, sem roteiro detalhado nem grande apreço pela estética. Isso agrega o calor do momento ao material. É algo produzido na hora que o assunto ou fato se desenrola. Bem diferente do programa eleitoral gratuito, que é roteirizado, filmado e editado ao longo de dias ou semanas. Então, acredito na combinação de conteúdos mais bem trabalhados, pensados e planejados com outros mais espontâneos.

O diferencial desse tipo de conteúdo é que ele permite não apenas exercer a autenticidade, mas também o segundo princípio do novo pacto entre eleitores e políticos: o da proximidade. Em parte, podemos traduzir essa proximidade como "estar acessível". Aquele candidato distante, isolado no palanque, falando discurso ensaiado de estadista, ficou no passado. E as redes sociais precisam refletir isso, o que impacta diretamente no cuidado com as interações.

À frente da comunicação de um movimento de ação e renovação política, a minha orientação para o time era sempre buscar responder ao máximo possível das interações, de maneira propositiva, com o objetivo de conquistar novos parceiros. Comunicação digital é isso: interação, ou seja, estar acessível. Nas campanhas eleitorais, isso também é essencial.

Ao mesmo tempo, sempre salientava que não valia a pena tentar conversar com quem só quer ofender. Essa é uma lição primordial em campanhas eleitorais. Obviamente, você deve identificar e perseguir os votos daqueles que podem digitar o número de seu candidato na urna, em vez de perder tempo com aqueles que o rejeitam totalmente.

O meu ponto aqui é que, nas redes sociais, as pessoas valorizam muito quando são respondidas com atenção, sem respostas automáticas e frias, pois querem se sentir próximas da gente.

No entanto, não se trata apenas de ter zelo com as interações e de produzir conteúdos autênticos e que demonstrem proximidade, como as já citadas transmissões ao vivo. É preciso fazer esse tipo de coisa chegar ao eleitor que estamos buscando. Diante desse eclipse na política, ter articulações na ponta próximo de onde você quer que sua mensagem chegue é meio caminho andado para o sucesso.

O que teria mais apelo para você: um candidato dizendo na TV que as escolas que construiu são maravilhosas, ou a mãe de um aluno que estuda em uma dessas unidades dizendo o mesmo? Imagine então que você conhece essa mãe e que ela lhe enviou uma mensagem via WhatsApp relatando como a vida da filha mudou graças à tal escola.

Portanto, em campanhas eleitorais é fundamental constituir essa base de apoiadores, ou seja, pessoas que genuinamente acreditam e defendem o seu projeto. Mais do que isso, é preciso saber estruturar uma rede de comunicação com esse público, em especial via WhatsApp e redes sociais, para fazer as mensagens chegarem ao destino. E quanto mais o próprio candidato estiver envolvido com isso, enviando mensagens específicas para essa turma, mais forte será essa rede. É um ótimo instrumento para colocar autenticidade e proximidade em ação.

Conclusão

"Como sempre acontece com as desilusões, elas podem nos tornar mais cínicos e menos ingênuos, mas também podem ser a origem de aprendizagens coletivas e de inovações políticas que não seriam possíveis em tempos de menor agitação" (Innerarity, 2017, p. 128).

O que busquei discutir neste capítulo foi que campanhas eleitorais são sempre batalhas de informações. É indispensável e perfeitamente possível travá-las com profissionalismo, sem recorrer às *fake news* para conquistar apoio e votos, sem contribuir para o caos político. Também busquei apresentar a importância de um novo pacto entre cidadãos e políticos, fundamentados na proximidade e na autenticidade, particularmente nos canais digitais, para que aos poucos superemos o eclipse da política.

São apenas dois entre os diversos aspectos que podem nos ajudar a enfrentar esse desafio de se comunicar com o cidadão durante essa fase turbulenta. Ninguém tem certeza absoluta do que está acontecendo e não há resposta infalível para nada. Mas, como nos ensina Innerarity, é nesses momentos que surgem inovações políticas. Na minha visão, isso vale também para a comunicação. O caminho pela frente não está claro, mas talvez possamos aprender juntos e fazer o melhor uso positivo das inovações digitais para prosperar profissionalmente e como sociedade democrática.

Um palanque com milhões de pessoas

Rafael Bergamo[22]

O que dizer das campanhas de 2018? As histórias de campanha parecem ser sempre as mesmas, mas não são. As redes sociais vêm desempenhando um papel cada vez mais importante. Claro! Estamos todos conectados. Você ainda se surpreende quando quer comprar um produto e passa a receber ofertas? Quem não tem WhatsApp? "Facebook já está fora de moda, coisa de velho." "O Instagram é a novidade da classe média. E a classe alta?" São coisas que escutamos por aí, assim como vemos pessoas entrando em desespero por uma rede nova.

O fato é que nos alimentamos de conteúdo pelas redes. Somos sociais e queremos interação. A rede possibilitou a comunicação, quebrou a distância e coloca todos em exposição, quer você queira, quer não queira participar. Exposição que pode ser positiva ou negativa. É preciso surfar nas ondas e neutralizar os perigos. O marketing ainda tem sua força na maquiagem ou potencialização da mensagem. Mas a verdade fica cada vez mais evidente e significativa na decisão, pois a rede se comunica. Não adianta se esconder. O que antes era fácil colocar debaixo do tapete

---

[22] **Rafael Bergamo** é administrador de empresas pela Pontifícia Universidade Católica de São Paulo (PUC-SP) e pós-graduado em Marketing Digital pela Escola Superior de Propaganda e Marketing (ESPM). Trabalhou em prospecção de negócios de software em Londres e atualmente é responsável pelas estratégias nas redes sociais e ações integradas de campo de políticos, instituições públicas e privadas. Possui experiência em mais de 30 campanhas eleitorais entre senadores, governadores, prefeitos, deputados e presidência.

agora vira munição para alimentar uma rede faminta por alvoroços. Os erros custam caro e a ausência de respostas enfraquece ainda mais a imagem de um candidato em foco. A grande exposição com uma rede aberta 24 horas por dia não é para os fracos. É preciso saber encarar os desafios no menor tempo possível. Comunicados diretos e transmissões ao vivo com diálogos francos com os eleitores passam a ser vitais. Coerência e posições claras também.

A rede exige participação integrada, soluções e ações concretas para os problemas que enfrentamos no dia a dia. A ansiedade da sociedade para ter os desejos atendidos fica potencializada com a comunicação instantânea da rede. Tudo passa a ser para ontem, por isso é importante estabelecer regras e deixá-las claras para não frustrarmos as expectativas. A transparência é uma virtude necessária para a sobrevivência. Atenção e cuidado com cada eleitor exigem estruturas bem definidas e uma equipe preparada para diagnosticar cada caso e agir dentro de uma estratégia para converter cada interação em um voto ou apoio.

Bolhas são criadas e supostas "verdades" passam a ser disseminadas em uma guerra sem conquistas. Militantes de ambos os lados só enxergam a sua "verdade". O foco deve ser nos indecisos. Fatos devem ser bem trabalhados em uma mensagem criativa e objetiva; as fontes de referência devem ser claras e cada vez mais obrigatórias. Os grandes fatos da mídia ainda têm força de convencimento pela exposição em massa, mas precisam do efeito cruzado, do debate das mídias sociais.

O potencial de cada rede

Cada rede tem sua estratégia de atuação. WhatsApp passa a ser vital como meio de disseminar conteúdo. Todos estão no WhatsApp. Uma rede sem automatização, exigindo um grande trabalho manual, mas que alcança 100% dos contatos e viraliza como uma grande epidemia. A base de apoio ganha maior importância. Os mais ativos têm a missão de organizar grupos e listas de transmissões. É preciso estar atento e alimentar a rede sedenta por novidades, projetos e solicitações de todo tipo. Novos membros chegam todos os dias e devem aumentar a base. A organização fica em voga de novo.

Instagram é a rede que cresce cada vez mais com a entrada da classe média e baixa. Entrega mais que o Facebook, mas restringe a comunicação com um apelo extremamente visual e baixa interação se comparada ao Facebook, que ainda lidera com a maior base de usuários ativos. A entrega da rede de forma orgânica (não paga), ou seja, quantos usuários recebem de fato o conteúdo publicado, virou uma pequena degustação. No Facebook, estamos falando de uma entrega orgânica de menos de 2% para a base de seguidores. Se você tem uma página com 100 mil seguidores e publica um conteúdo, efetivamente menos de 2 mil vão receber. É muito pouco e cada vez será menos. Isso por quê? Porque o Facebook, como qualquer outro produto, quer cobrar para você utilizá-lo.

O Twitter teve seu brilho na estreia oficial do marketing digital em 2010 no Brasil, impulsionado pelo grande *case* de sucesso do Obama, *Yes We Can*. Perdeu seu brilho pelo uso em massa de robôs e sua imposição na limitação de caracteres por mensagem. A objetividade é um anseio dos usuários, mas limitações impostas ferem a liberdade do sentimento de quem quer navegar sem barreiras. O Twitter ainda abriga formadores de opinião, que devem ser alimentados na tentativa constante de termos nossos conteúdos replicados para o alcance em massa. A envergadura do candidato passa a ser um termômetro da sua utilização. Os tubarões só se interessam pelas grandes presas; peixe pequeno vai nadar sem fazer barulho.

O YouTube é uma rede que concentra milhões de pessoas e milhões de visualizações por dia. Não adianta criar vídeos por criar. Os youtubers já pavimentaram o caminho. Os vídeos, em primeira pessoa com efeitos visuais que ilustram o que se fala, é a receita de sucesso. Mas o seu candidato é espontâneo, tem jogo de cintura e é carismático? Existe uma equipe de vídeo profissional para dar vida aos vídeos? A criação de um canal exige um grande gasto de energia tanto pelo candidato como por sua equipe de produção. A resposta para a sua utilização fica pendente pelo perfil certo do candidato e tamanho da sua estrutura para realmente valer a pena. Uma alternativa para se atingir os usuários do YouTube e ser efetivo, alcançando milhões de eleitores, são os patrocínios. Sem dúvida, cada vez mais o diferencial do alcance estará sendo pago.

Estratégias

Mas como chamar atenção e se sobressair nas dezenas de desejos de cada pessoa? Ser direto é uma virtude. Estamos todos com pressa. Não adianta não dar "a cenourinha" logo de cara. É preciso "colocar a cereja do bolo na cara do gol". A informação vital precisa estar na primeira linha do conteúdo. O bombardeio de informação também passa a ser fundamental. A informação precisa ser repetida diversas vezes para sua identificação e assimilação, mas sempre respeitando a exclusividade de cada conteúdo. O anseio por novidade não permite repetição de conteúdo, pois o que já foi visto não tem mais graça. É preciso falar muitas vezes a mesma coisa com uma nova roupagem.

Atualmente precisamos de especialistas em cada área e em cada uma das redes sociais. Mas, no final, todos interligados. O objetivo único é dar máxima exposição positiva para a conquista de votos. Áreas complexas de inteligência da informação ganham destaque para monitorar, verificar tendências e sentimentos para se chegar aos caminhos desejados da grande maioria. Por outro lado, a rede também permite trabalhar em nichos, oferecer conteúdo específico para cada público de interesse. A equipe de produção de conteúdo realimenta-se do monitoramento da rede, verificando conteúdos mais aderentes. A regra dos textos curtos na política não se aplica. A informação deve ser direta, mas não necessariamente curta. O objetivo é levar aprendizado e conhecimento ao eleitor. Na vida tudo é um *trade*. Na rede, o usuário entrega seu tempo, mas a contrapartida é absorver conteúdo que enriqueça o seu conhecimento. Já a equipe de produção visual cria as imagens para que o olhar já seja capaz de transmitir a essência da informação. Cada vez mais, as pessoas querem entender sem ler. Especialistas de cada rede social têm a missão de adaptar o conteúdo para o perfil de cada usuário nas diferentes plataformas. Cada rede tem suas propriedades e apelo do formato do conteúdo.

O Facebook conquista pelos memes, o Instagram, por fotos limpas, o WhatsApp agora são as figurinhas. Uma vez publicado, a rede irá interagir com perguntas, sugestões, dúvidas e ofensas. Ter uma equipe de respostas passa a ser obrigação. Não adianta abrir a casa se não tem ninguém para atender. A rede está aberta para todos os candidatos terem perfis. Uma grande diferença fica na organização da informação, processos bem estabelecidos e métricas de controle. O conteúdo é a mola mestra. O patrocínio, o carvão para a locomotiva andar e alcançar as pessoas. Quanto maior o investimento, maior o alcance, mas não adianta o alcance sem sintonia com os desejos do eleitorado. Portanto, o conteúdo produzido é o que define as conquistas.

O *seeding*, trabalho de responder às pessoas que entram em contato, ganha força extraordinária. Não adianta publicar e deixar o barco à deriva. Comentários agressivos devem ser combatidos e comentários positivos possibilitam uma aproximação maior. É preciso transformar simpatizantes em mobilizadores que ajudam na divulgação e conquista de novos eleitores. A organização da informação é peça fundamental para o sucesso. Na rede tudo é mensurável, e estabelecer diretrizes é saber aonde se quer chegar.

A estratégia do *dark post,* que significa fazer uma publicação fora da *timeline* do perfil para direcionar conteúdo específico para o público de interesse, ficou evidenciada em 2018. Outra vantagem do *dark post* é não poluir a *timeline* com muita informação, e mesmo assim manter grande volume de publicações. Alcançar e interagir com dezenas de milhares de pessoas é essencial para a construção da base de apoio.

Cada vez mais é importante uma história de coerência dos candidatos para uma navegação livre dos ataques piratas que desenterram problemas e criam *fake news,* que não são uma novidade da rede. Elas sempre existiram. Um exemplo era a contratação de atores para utilizarem o transporte público e falarem mal dos adversários, criando graves acusações.

A rede por si só não define a vitória de um candidato. O sucesso sempre será um conjunto de fatores. Gastar a sola do sapato, fazer discursos presenciais é fundamental. Mas é certo que, sem o palanque com milhões de eleitores que a rede proporciona, a conquista do eleitorado fica restrita à conversa de roda.

A rede, no final, é um palanque que impulsiona e alcança milhões de pessoas, aumentando o dano causado. Manter-se em grupos de WhatsApp vira um bom sistema de pesca, além das ferramentas normais de monitoramento. Identificar e classificar o grau de relevância do ataque dá o norte de como agir. Se a informação é totalmente mentirosa, vira um prato cheio para converter em grande conquista. Nada melhor que a verdade para afrontar uma mentira. Erros devem ser assumidos e guinados para uma evolução de aprendizado. Não fazer nada tem de ser a última opção, mas de forma consciente e fundamentada pode ser uma solução. Levantar um problema isolado pode custar caro, caso não se tenha uma resposta justa.

A verba de patrocínio torna-se essencial. Não existe almoço grátis. As redes sociais são produtos e estão no mercado para faturar. A vantagem é que estamos falando de um dos custos mais baixos para se alcançar e interagir com o público (R$ 0,05 e R$ 0,03, respectivamente).

A verba alocada no marketing digital é cada vez mais relevante e obrigatória. Atualmente, os valores alocados ainda estão em patamar muito abaixo do ideal e da potencialidade das redes. As principais razões são o desconhecimento da maioria dos marqueteiros políticos e a forma de trabalho totalmente diferenciada das redes sociais. Um bom programa político de televisão dá trabalho, mas praticamente termina com a divulgação. Nas redes sociais, o trabalho fica ainda mais intenso depois da divulgação. São milhares de questionamentos que precisam ser respondidos com rapidez e competência. Dúvidas precisam ser esclarecidas. Ataques devem ser neutralizados. Apoiadores precisam ser identificados, conquistados e transformados em multiplicadores. Fazer isso de forma competente é desconhecido pelos marqueteiros tradicionais, que ainda insistem em negar o óbvio.

As eleições de 2018

Na última eleição tivemos algumas marcas importantes que mostram o momento atual que vivemos: Alckmin, com tempo de TV extraordinário, não saiu do lugar; Bolsonaro, sem tempo de TV, foi eleito; e Doria, apesar da sua grande rejeição na capital de São Paulo, também foi eleito.

Alckmin é exemplo de político que teve o seu momento, mas não concretizou ações que canalizassem grandes conquistas para a sociedade. O maior erro foi negar a realidade, insistindo que estava tudo sob controle, quando os fatos mostravam o contrário. E ainda teve a sua imagem "de santo" manchada por casos de corrupção em seu governo.

O momento de mudança não permite comodismo, falta de pulso firme e discursos brandos. A sociedade quer ações e resultados de curto prazo.

Bolsonaro, no entanto, conseguiu capitanear o sentimento anti-PT e contra a corrupção, uma das bandeiras mais fortes da sociedade atual. Tomou posições claras sem se preocupar com os incomodados. Sua vitória foi marcada pela ausência de tempo de TV do horário eleitoral, com uma campanha massivamente digital. O atentado contra sua vida provocou uma grande cobertura da TV e da mídia tradicional. Saber até que ponto a tentativa fracassada do assassinato influenciou sua vitória é difícil. Um aspecto importante é que o jeito sincero e muitas vezes áspero teve grande força de mobilização para Bolsonaro. As pessoas estão cansadas do discurso politicamente correto e ações de mudança e ruptura do sistema ganham força no eleitorado.

O WhatsApp foi fundamental com o disparo de milhões de mensagens a favor de Bolsonaro. Novamente fica a pergunta: quem não tem WhatsApp? Todo mundo tem! Uma rede de comunicação que entrega 100%. Ou seja, a mensagem chega e, com credibilidade espontânea ou trabalhada, viraliza como nenhuma outra. Entretanto, tem pouca eficácia e baixíssima entrega, com listas desconhecidas e vendidas aos montes por oportunistas.

Doria foi um caso à parte. Nessa campanha ficou evidente a força do marketing sobressaindo sobre fatos concretos durante uma campanha curta. A campanha presidencial foi determinante na vitória. Apesar de grande rejeição na capital, onde foi prefeito, Doria conseguiu aderir ao sentimento anti-PT e surfar na onda de Bolsonaro com a criação do BolsoDoria. A estratégia agressiva de ataque contra a esquerda mostrou eficiência, e a divulgação regionalizada dos *dark posts* para o interior cumpriu seu papel de vender uma imagem de realizador para quem não o conhecia. O poder econômico do candidato foi outra força poderosa.

O fato é: o marketing ainda camufla, mas o sentimento, os valores, a razão e a coerência tomam corpo, cada vez mais, em uma rede vigilante, plural e livre. Simplesmente postar, estar presente nas redes sociais, que muitas vezes é vendida como fácil, na prática não é. Não adianta a razão, ter a melhor proposta, sem o alcance. A estratégia do conteúdo, da distribuição, do contato e sua validação deve ser cuidadosamente pensada e acompanhada. A verba para publicidade nas redes sociais ganha força, a fase "grátis" acabou.

Ficar fora da rede é perder um palanque com milhões de eleitores. Para um político é fundamental que sua voz alcance as pessoas; o político vive e se fortalece com a sua base de apoio. Os discursos presenciais são essenciais e servem como novos conteúdos para as redes, mas seu alcance precisa ser multiplicado pela exposição em massa da rede. O voto é construído e conquistado. Não é falando apenas uma vez que se convence. É preciso mostrar posições e coerência. Os conteúdos publicados servem para expor quem realmente é o candidato. A sua rede é você. A pergunta que fica: a sua rede tem a sua cara? Cada vez o eleitor fica mais exigente e o acesso às suas informações é importante na formação dos seus valores.

Inteligência artificial: novos modelos de persuasão

Dora Kaufman[23]

Os ciclos econômicos derivam de um conjunto de fatores econômicos, sociais e culturais, entre eles a inovação e os avanços tecnológicos. Cada ciclo caracteriza-se pela predominância de uma tecnologia: o carvão e a eletricidade na Economia Industrial, que teve seu início no século XVIII com a Revolução Industrial; as Tecnologias de Informação e Comunicação (TICs) na Economia da Informação em Rede, em que a automação programada teve grande impacto na manufatura, com robotização das fábricas, e, nos serviços, com a internet e a conexão digital. No século XXI, estamos migrando aceleradamente para a economia de dados, com o protagonismo dos dados.

O crescimento exponencial dos dados é um fato conhecido amplamente. Os volumes atuais e as previsões futuras são difíceis de dimensionar porque envolvem números com os quais não estamos acostumados a lidar; a previsão mais conservadora estima que o

---

[23] **Dora Kaufman** tem pós-doutorado pelo Instituto Alberto Luiz Coimbra de Pós-Graduação e Pesquisa de Engenharia da Universidade Federal do Rio de Janeiro (COPPE-UFRJ) e em Tecnologias da Inteligência e Design Digital pela Pontifícia Universidade Católica de São Paulo (PUC-SP), pós-doutoranda em Filosofia e doutora pela USP. Autora de *O Despertar de Gulliver: os desafios das empresas nas redes digitais* e *A inteligência artificial irá suplantar a inteligência humana?* Professora convidada da Fundação Dom Cabral (FDC) e professora da PUC-SP. Colaboradora do *Valor Econômico* e da *Época Negócios*.

seu volume total dobrará a cada ano. O avanço da IoT (Internet das Coisas), incorporando chips, sensores e módulos de comunicação aos objetos, digitalizando tudo que nos rodeia – fábricas inteligentes, casas inteligentes, carros autônomos, automação inteligente, monitoramento da saúde –, vai gerar uma explosão ainda maior de dados, assim como a proliferação dos assistentes virtuais, a exemplo de Alexa e Siri, os bots no atendimento ao cliente/consumidor, e as redes 5G.

Mas o que são os dados, exatamente? Qualquer interação no ambiente digital deixa "rastros", alguns voluntários, como as publicações nas redes sociais – Facebook, Twitter e Instagram –, e outros involuntários, como as informações armazenadas nos bancos de dados digitais na compra com cartão de crédito, na movimentação bancária on-line, no acesso aos programas de fidelidade, no vale-transporte, nas comunicações por telefonia móvel, no acesso on-line a resultados de exames médicos, além de inúmeras outras ações presentes em nossa rotina. As câmeras de vigilância espalhadas pelas cidades, prédios e escritórios igualmente geram dados digitais. Cada um de nós é, simultaneamente, um gerador e um consumidor de dados.

Os dados podem ser usados para os propósitos originais ou "reusados" por terceiros, ou ainda combinados pela fusão de conjuntos de dados, com variadas finalidades gerando benefícios e ameaças (à privacidade, particularmente). Eles contêm informações valiosas e são estratégicos para compreender nosso comportamento, hábitos e preferências, incluindo por onde circulamos, como interagimos com os vários dispositivos, como nos comunicamos, como fazemos negócios, como tratamos de nossa saúde, como consumimos, como pesquisamos, como viajamos de férias, como namoramos, como expressamos nossos sentimentos, e até como nos sentimos. Esse inédito conhecimento permite às empresas, aos governos e às instituições em geral relacionarem-se com mais assertividade com os seus respectivos públicos-alvos.

A análise dos dados faculta, inclusive, prever epidemias. Em fevereiro de 2008, os Centers for Disease Control and Prevention (CDC) (Centros de Controle e Prevenção de Doenças) identificaram um crescimento de casos de gripe no leste dos Estados Unidos; duas semanas antes, contudo, o Google já havia detectado e anunciado um aumento nas consultas sobre os sintomas da gripe, criando, pela sua unidade filantrópica, um sistema de alerta, o "Google Flu Trends". Antes mesmo do aparecimento do vírus H1N1, pesquisadores do Google publicaram um artigo na revista *Nature* (referência mundial na área de saúde), ignorado pelas autoridades americanas, sobre a capacidade de previsão da propagação da gripe de inverno, com base nos dados gerados em sua plataforma. A metodologia basicamente estabelecia correlações entre a frequência de digitalização de certos termos de busca e a disseminação da gripe ao longo do tempo e espaço – identificando, assim, em tempo real, as regiões com maior propensão.

Essa grande quantidade de dados, gerada e armazenada, denominada em inglês *Big Data*, permite extrair novos *insights* e criar formas originais de valor, impactando os mercados, as organizações, a relação entre cidadãos e governos, e nossa própria sociabilidade. De nada adiantaria, contudo, se não fosse possível extrair esses dados e transformá-los em informações úteis. É nesse momento que entra a Inteligência Artificial (IA).

Em uma definição genérica, os modelos atuais de IA referem-se a uma máquina, sistema ou algoritmo capaz de minerar os dados identificando padrões e prevendo a probabilidade de determinado evento ocorrer em uma determinada data. São modelos estatísticos que: (a) inovam na capacidade de analisar grandes quantidades de dados sobre um tópico específico, não mais se atendo a amostras relativamente pequenas; (b) adotam a desordem do mundo real, deixando de privilegiar a exatidão; e (c) contemplam as correlações em vez das causalidades. Os dados desempenham funções específicas: os dados de entrada (*input*) alimentam inicialmente os algoritmos; os dados de treinamento (*training data*) aperfeiçoam os algoritmos; e (c) os dados de *feedback* melhoram o desempenho dos algoritmos com base na experiência dos usuários.

Quando digitamos uma consulta no Google, são os algoritmos de IA que selecionam a resposta personalizada e os anúncios apropriados ao perfil do usuário, assim como traduzem um texto de outro idioma (*Google Translate*) e filtram os e-mails não solicitados (*spams*). A Amazon e a Netflix recomendam livros e filmes pelo mesmo processo; do mesmo modo o Facebook usa os algoritmos de IA para decidir quais atualizações mostrar no *feed* e o Twitter faz o mesmo para os tweets. A IA está presente em grande parte dos aplicativos e serviços que usamos no cotidiano e igualmente presente no mercado financeiro, na indústria, na saúde, na educação, no recrutamento de RH, na segurança, na vigilância, entre diversas outras atividades. Quando acessamos um dispositivo computacional, em qualquer de seus formatos, provavelmente estamos acessando concomitantemente um processo de *Machine Learning/Deep Learning*, descritos adiante.

A possibilidade de manipular os dados e extrair informações úteis tem gerado novos modelos de negócio, como os das gigantes de tecnologia – Amazon, Facebook, Google, Apple, Netflix, Badoo, Alibaba –, e transformado setores convencionais, a exemplo de telecomunicações, cartões de crédito, transações bancárias, varejo.

A Amazon, por exemplo, está investindo em um modelo de negócio que rompe o paradigma tradicional do varejo de *buying-shipping* para *shipping-buying*, isto é, remessa dos produtos antes de serem comprados. Para minimizar o risco e o custo de devolução e, consequentemente, viabilizar o modelo, é imprescindível conhecer profundamente os hábitos de seus consumidores-clientes-assinantes, coletando e processando dados gerados no seu Marketplace (dados dos clientes de seus clientes/parceiros), no assistente virtual Alexa, hoje presente em cerca de 70% dos lares de alta renda dos Estados Unidos, e nas interações diretas em suas plataformas (a Amazon patenteou o sistema em 2014).

O fundamento da chamada Economia da Assinatura (*Membership Economy*) está na captação e processamento dos dados. Em vez de vender produtos, as empresas estão oferecendo serviços e experiências, e cobrando mensalidades. Empresas estabelecidas, como Microsoft e Adobe, recentemente migraram para o modelo de assinatura, tornando-se mais competitivas. Proliferam as plataformas por assinatura, desde vinhos, como a brasileira Wine, até roupas, acessórios e produtos (consumidor final e B2B). O mercado eletrônico por assinatura tem crescido mais de 100% ao ano nos Estados Unidos (McKinsey, fevereiro de 2018) e 167% no Brasil (ABComm, maio de 2019), mesmo representando ainda uma pequena fração do volume total de vendas on-line. Em 2001, o economista americano Jeremy Rifkin previu a tendência de troca da propriedade pelo acesso no seu livro *A era do acesso: a transição de mercados convencionais para networks e o nascimento de uma nova economia*.

Na segunda década do século XXI, a convergência de diversas tecnologias promoveu resultados superiores a quaisquer previsões precedentes (ainda que aquém da ficção científica). As máquinas e sistemas inteligentes passaram a executar tarefas que até então eram prerrogativas dos humanos, e em alguns casos com resultados mais rápidos e mais assertivos.

Mas é apenas uma década de "revolução", e as máquinas ainda estão restritas a prever cenários (capacidade preditiva) com base em grandes conjuntos de dados e a executar tarefas específicas, sob a supervisão direta dos especialistas em ciência da computação, convencionalmente chamada de *Weak AI*. A *Strong AI* – mentes digitais, imortalidade, superinteligência – não é viável com base nas tecnologias atuais: chegar lá exige uma série de inovações científicas em uma ampla gama de habilidades.

Os avanços tão aclamados mundo afora significam, sem prejudicar seu mérito, implementações bem-sucedidas de avanços conceituais que aconteceram no final dos anos 1980 e início dos anos 1990. O motivo do entusiasmo da comunidade de IA é que a inteligência artificial está no *core business* de gigantes da tecnologia e, igualmente, impulsionada por outras indústrias poderosas, como finanças e varejo, além de governos.

Encorajado por volumes de investimento sem precedentes e fundamentado em uma base teórica cada vez mais sólida, não há discordância quanto aos enormes benefícios para a humanidade do avanço da IA. No entanto, esse mesmo avanço provoca questões éticas e sociais de grande impacto, como a eliminação de empregos em setores intensivos em mão de obra e a expansão de atividades econômicas que exigem menos mão de obra (além de inúmeras questões éticas).

O que é Inteligência Artificial?

Na década de 1950, no âmbito dos esforços científico-tecnológicos de criar modelos de simulação da mente humana, surgiu o campo da Inteligência Artificial (IA). O termo apareceu pela primeira vez no título do evento *Dartmouth Summer Research Project on Artificial Intelligence* (Projeto de Pesquisa de Verão de Dartmouth sobre Inteligência Artificial), realizado no Dartmouth College em Hanover, New Hampshire, Estados Unidos, no verão de 1956, com o apoio da Fundação Rockefeller.

Liderado por eminentes pesquisadores – Claude Shannon, Nathaniel Rochester, Marvin Minsky e John McCarthy –, o evento reuniu um grupo de dez cientistas cuidadosamente selecionados, na crença de que trabalhando juntos por dois meses conquistariam avanços significativos. A premissa era de que "todos os aspectos da aprendizagem ou qualquer outra característica da inteligência podem, em princípio, ser descritos tão precisamente de modo que uma máquina pode ser construída para simulá-la". A determinação era descobrir como fazer as máquinas usarem linguagem, abstrações de forma e conceito, e resolverem tipos de problemas do domínio humano. Alguns dos participantes, posteriormente, lideraram projetos relevantes incluindo Arthur Samuel, Oliver Selfridge, Ray Solomonoff, Allen Newell e Herbert Simon. Os primeiros anos da IA foram repletos de sucessos limitados, em função da relativa baixa capacidade computacional e de técnicas de programação primitivas.

Tema de pesquisa em diversas áreas – computação, linguística, filosofia, matemática, neurociência, entre outras –, os estágios de desenvolvimento da IA e as expectativas variam entre os campos e suas aplicações, que incluem os veículos autônomos, reconhecimento de voz, games, robótica, tradução de linguagem natural, diagnósticos médicos, bem como permeia as cidades inteligentes (Smart Cities) e os governos tecnológicos (GovTech). Atualmente, os sistemas inteligentes estão em todas as áreas do conhecimento (e quase em toda a vida em sociedade).

Duas definições generalistas servem ao nosso propósito. A primeira, de John McCarthy, para quem Inteligência Artificial "é a ciência e a engenharia de fazer máquinas inteligentes, especialmente programas de computador inteligentes"[24], sendo inteligência designada como todas as funcionalidades do cérebro. A segunda, de Russell e Norvig, define a IA como o estudo de "agentes inteligentes capazes de perceber seu meio

---

24 Disponível em: <http://jmc.stanford.edu/artificial-intelligence/what-is-ai/index. html>. Acesso em 29 jan. 2018.

ambiente e de realizar ações com a expectativa de selecionar uma ação que maximize seu desempenho"[25].

Em 1959, o funcionário da IBM Arthur Lee Samuel, pioneiro norte-americano no campo de jogos de computador e inteligência artificial, cunhou o termo *machine learning* (ML, aprendizado de máquina), inaugurando um subcampo da IA cuja finalidade é prover os computadores da capacidade de aprender sem serem programados. Evoluindo a partir de técnicas de reconhecimento de padrões e da teoria de aprendizagem computacional na IA, o *machine learning* explora o estudo e a construção de algoritmos que fazem previsões ou tomam decisões baseadas em dados – modelos elaborados a partir de entradas de amostras. O aprendizado de máquina é empregado em uma variedade de tarefas de computação, nas quais programar os algoritmos é difícil ou inviável.

Durante várias décadas, a abordagem dominante no campo da IA foi baseada em programas de computação lógica, marginalizando a visão baseada no aprendizado de máquina (abordagem simbólica, processamento de símbolos). Na década de 1980, os pesquisadores Yann LeCun, Geoffrey Hinton e Yoshua Bengio conceberam um caminho inspirado no cérebro, por isso denominado de "Redes Neurais", que concretizou-se em 2010-2012 com o advento de grandes quantidades de dados (*Big Data*) e a maior capacidade computacional (GPU – *Graphics Processing Unit*, processamento em nuvem e, em breve, computador quântico). Desde então, estamos na fase de implementação de várias arquiteturas de redes neurais.

O *deep learning* – denominação do subcampo – é um modelo estatístico de previsão com base em dados, voltado a solucionar tarefas concretas; identifica tendências e cenários futuros e a probabilidade de cada um deles acontecer. Do ponto de vista da sociedade, atende à demanda por previsão mais assertiva. A pergunta é sempre "qual a probabilidade desse evento ocorrer e quando?". Os modelos de redes neurais ainda funcionam em domínios relativamente restritos, mas progredindo continuamente com novas arquiteturas de rede, sofisticados algoritmos

---

[25] Publicado originalmente em 1994 e seguido de várias edições, adotado nas universidades americanas como o livro de referência sobre IA. Versão em português: Russel, S.; Norvig, P. *Inteligência Artificial*. Rio de Janeiro: Elsevier, 2013.

e treinamento com mais dados. O treinamento consiste em mostrar exemplos e ajustar gradualmente os parâmetros da rede até obter os resultados requeridos, denominado "aprendizagem supervisionada": são fornecidos os resultados desejados (*output*) e, por "tentativa e erro", por meio de atualização interativa dos pesos, chega-se ao resultado – meta. A pergunta-chave migrou, por exemplo, de "quais as características de um cachorro?", elementos que permitiam programar um sistema, para "essa imagem é similar a uma imagem que já vi antes?", processo que estima a probabilidade de a imagem ser efetivamente de um cachorro (sistemas de reconhecimento de imagem).

O atual crescimento exponencial de dados tornou difícil a escrita de programas de computador. A Amazon não pode codificar as preferências de seus clientes em um programa de computador, assim como o Facebook não sabe como escrever um programa para identificar as melhores atualizações em seu *feed* de notícias. A Netflix pode ter 100 mil títulos de filmes em estoque, mas se os clientes não souberem como encontrar suas preferências, isso não será útil. A técnica – ou modelo – é usada quando sabemos que há uma relação entre as observações de interesse, mas não sabemos exatamente qual e como; logo, não podemos simplesmente desenvolver um programa de computador.

Nos anos seguintes, o *deep learning* tornou-se onipresente, recebendo investimentos significativos das principais empresas de tecnologia e gerando enormes lucros. Mais recentemente, a técnica gerou lucros suficientes para o Google cobrir os custos de todos os seus projetos futuristas no Google X, incluindo carros autônomos, Google Glass e Google Brain. Atualmente é usada em mais de 100 serviços do Google, desde as respostas automáticas do Street View ao Gmail. *Deep learning* é sobre previsão e permeia grande parte das atividades do século XXI.

A grande quantidade de dados não é o único fator restritivo. Os humanos acham o reconhecimento de imagens faciais relativamente fácil, por exemplo, mas não conseguem explicá-lo (conhecimento tácito), o que impossibilita que um programa de computador seja escrito. Ao analisar diferentes imagens do rosto de uma pessoa, um sistema de IA captura o padrão específico dessa pessoa e, em seguida, verifica esse padrão em relação a uma determinada imagem.

Do ponto de vista da sociedade, a razão para o sucesso do aprendizado profundo é sua capacidade preditiva. Antecipar cenários futuros e sua probabilidade é o desafio de qualquer atividade econômica (e, em alguns casos, sociais). Os modelos estatísticos tradicionais são baseados em amostras e métodos de redução de erros que focam na causalidade. Esses modelos, além de caros, não são viáveis em grande escala (*Big Data*). Ao correlacionar grandes quantidades de dados, os algoritmos de IA são capazes de estimar, de forma mais assertiva, a probabilidade de um tumor ser um tipo específico de câncer, ou a probabilidade de uma imagem ser um cão, ou a probabilidade de quando um equipamento precisará ser substituído, ou qual o melhor itinerário a seguir, ou qual o candidato mais adequado ao perfil de uma vaga de emprego.

Existem diversos riscos embutidos nesses sistemas inteligentes – viés contido nos dados, não explicabilidade dos modelos, complexidade de identificar e corrigir erro, inexatidão dos modelos estatísticos, acesso a amostras representativas do universo foco, assertividade na interpretação dos resultados por parte de especialistas, além da vulnerabilidade às ações de hackers, da invasão de privacidade, do poder excessivo dos controladores de dados e do controle do Estado sobre seus cidadãos (maior do que qualquer outro momento da história mundial).

Algoritmos de IA e novos modelos de persuasão

Os algoritmos estão em toda parte, dominam o mercado de ações, compõem música, dirigem carros, escrevem artigos de notícias, preveem epidemias, estão no diagnóstico médico, na contratação de RH, na avaliação de crédito e em inúmeras outras atividades em distintos setores da economia e da sociedade. Algoritmo é um conjunto de instruções matemáticas, uma sequência de tarefas para alcançar um resultado esperado em um tempo limitado. Os algoritmos antecedem os computadores – remonta ao século IX, ligado ao matemático árabe Al-Khwarizmi, cujo livro ensinava técnicas matemáticas a serem equacionadas manualmente.

Define-se um algoritmo como um conjunto de instruções matemáticas para manipular dados ou raciocínios por meio de um problema.

O algoritmo requer instruções precisas e não ambíguas, o suficiente para serem executadas por um computador. Percebe-se que na ideia de algoritmo está tanto a ideia de *regra* quanto a ideia de *ação*, pois, apesar de um algoritmo ser definido por um conjunto de regras, é a sua ação que conta; é no momento que age que o algoritmo agencia, interfere na circulação dos dados.

Os algoritmos de busca do Google, por exemplo, formam os sistemas de classificação que, com base no que o usuário está procurando, agem nos dados disponíveis nas páginas da web, previamente indexados, selecionando os conteúdos relevantes – consequentemente, facilitando o acesso do usuário àqueles conteúdos. Esses resultados, contudo, não produzem verdades confiáveis e objetivas. Como o aprendizado dos sistemas inteligentes é baseado em dados, os algoritmos codificam preconceitos sociais: é o chamado viés (*bias* em inglês). Além disso, os processos de redes neurais são modelos estatísticos que indicam apenas a probabilidade de a resposta ser adequada ao perfil do usuário.

O Facebook monetiza sua gigantesca base de dados utilizando algoritmos de IA capazes de mapear a personalidade dos usuários, segundo informação da plataforma, com 80% de precisão. Com base em cliques e curtidas, contempla atributos como gênero, idade, formação, etnia, "desvios" de personalidade, orientação sexual/política e religiosa, doenças, uso de substâncias. De posse desse "conhecimento" sobre seus usuários, a rede social vende aos anunciantes uma potencial comunicação hipersegmentada ou personalizada.

Os sistemas inteligentes das plataformas não visam, preferencialmente, oferecer o conteúdo de melhor qualidade aos seus usuários, mas maximizar seu tempo de permanência na plataforma, promovendo e ampliando ao máximo as interações por meio de curtidas, compartilhamentos e comentários. Quanto maior o tempo e a intensidade da interação, mais dados são gerados, particularmente dados de qualidade, favorecendo os modelos de negócio baseados em dados.

A estrutura e o funcionamento dos modelos econômicos têm correlação direta com os mecanismos de persuasão, extrapolando o consumo com impactos culturais e comportamentais, incluindo o acesso à informação. Na economia industrial, caracterizada pela produção e pelo consumo massivo de bens e serviços, a propaganda predominou como meio de convencimento e influência nas escolhas e preferências dos indivíduos. Na economia da informação em rede, emergiu a customização de produtos e serviços, com a correspondente comunicação segmentada.

Na economia de dados, a personalização está na base da mediação tanto de produtos quanto de informação; os algoritmos de inteligência artificial promovem estratégias de comunicação assertivas a partir do conhecimento captado, minerado e analisado de dados gerados nas interações do ambiente digital. Aparentemente, está em curso uma mudança qualitativa nos mecanismos de persuasão, representando uma ruptura, e não continuidade, em sua estrutura lógica em relação a mecanismos anteriores, em que o elemento-chave seria a variante "escala" (quantidade e diversidade de informação, velocidade de processamento, entre outras variáveis).

Os algoritmos de IA não são utilizados exclusivamente para fins comerciais, mas também para prever e interferir em nossa conduta, em todas as esferas da vida social de maneira inédita. O empenho em desenvolver mecanismos influenciadores não é novo. Em 1998, B. J. Fogg, cientista do comportamento e articulador do conceito de "Captologia" – estudo de como usar os computadores para persuadir mudanças de atitudes ou comportamentos – fundou o *Stanford Persuasive Tech Lab* com o propósito de gerar *insights* para desenvolver tecnologias (produtos de computação, websites e software para celulares) aptas a mudar as crenças, os pensamentos e os comportamentos dos indivíduos de maneira previsível. Um dos focos do projeto são os hábitos de saúde, e sua base teórica encontra-se nos métodos da psicologia experimental. Seus pesquisadores conceituam a "Captologia" como uma nova maneira de pensar sobre o comportamento-alvo e transformá-lo em uma direção compatível com o "problema" a ser resolvido. Os estudos incluem design, pesquisa, ética e a análise de produtos de computação interativa – computadores, celulares, websites, tecnologias sem fio, aplicativos móveis, videogames.

A inteligência artificial também tem sido usada para produzir conteúdos falsos – as chamadas *fake news* – de forma automatizada, com a intenção deliberada de manipular comportamentos e pensamentos. Combinadas com a inteligência artificial, emergem as *deep fakes*.

Manipulação em eleições democráticas

Verdade e política não se dão bem uma com a outra, e até hoje ninguém, que eu saiba, incluiu entre as virtudes políticas a sinceridade (Hannah Arendt)[26].

Deep fakes (falsificações profundas, em uma analogia com *deep learning*) são tecnologias habilitadas a manipular textos e imagens digitais com tal precisão que dificulta distinguir do original. O sistema inteligente transforma áudios em dados, gerando falsos vídeos. O fenômeno torna-se mais relevante pela maior probabilidade de produzir e retuitar *posts* falsos nas redes sociais fomentados pelos "robôs".

Em um exercício acadêmico, dois pesquisadores da Global Pulse, iniciativa ligada à Organização das Nações Unidas (ONU), usando apenas recursos e dados de código-fonte aberto, mostraram com que rapidez poderiam colocar em funcionamento um falso gerador de discursos de líderes políticos em assembleias da ONU. O modelo foi treinado em discursos proferidos por líderes políticos na Assembleia Geral da ONU entre os anos de 1970 e 2015. Em apenas 13 horas e a um custo de US$ 7,80 – despesa com recursos de computação em nuvem –, os pesquisadores conseguiram proferir discursos "realistas" sobre uma ampla variedade de temas sensíveis e de alto risco: de desarmamento nuclear a refugiados.

A tecnologia segue aperfeiçoando-se. O OpenAI[27] – organização sem fins lucrativos com sede em São Francisco, Califórnia, financiada, entre outros, por Elon Musk, da Tesla, Reid Hoffman, cofundador do LinkedIn – lançou, no início de 2019, o GPT-2, tecnologia capaz de gerar textos realistas em variados estilos a partir de um texto original.

O tema das *fake news* – e cada vez mais também das *deep fakes* – transformou-se em uma preocupação central na nossa sociedade em virtude do impacto que sua disseminação vem causando às democracias mundo afora, sobretudo a partir da eleição de Donald Trump para a presidência dos Estados Unidos, em 2016. Tanto a campanha do Brexit, no Reino Unido, quanto a eleição americana foram permeadas de controvérsias ainda

---

26 ARENDT, Hannah. Verdade e política. In: ARENDT, Hannah. *Entre o passado e o futuro.* São Paulo: Perspectiva, 1972. p. 282-325.
27 Disponível em: https://openai.com. Acesso em: 25 jun. 2019.

não totalmente esclarecidas, desde o envolvimento da empresa de mídia social Cambridge Analytica até o possível financiamento com recursos estrangeiros (proibido por lei no Reino Unido e nos Estados Unidos, exatamente para evitar manipulação externa em assuntos domésticos).

Os resultados de ambas as campanhas – Brexit e Trump – não advêm exclusivamente, talvez nem preferencialmente, dos mecanismos tecnológicos, mas de uma convergência de fatores econômicos e sociais. O que parece consenso, contudo, é que as estratégicas elaboradas e executadas pela Cambridge Analytica com base no perfil segmentado dos eleitores (dados captados de usuários da rede social Facebook) capitalizaram eficientemente as insatisfações de parte do eleitorado.

Como lembra Lucia Santaella[28], notícias falsas não são um fenômeno novo: remonta aos gregos e dissemina-se em momentos históricos cruciais. Em geral, os materiais de campanha eleitoral – filmes na TV, panfletos, anúncios – não têm compromisso com a verdade dos fatos; pelo contrário, com base em análises cada vez mais sofisticadas, produzem comunicação segmentada com conteúdos adequados a cada público com o único objetivo, ou primordialmente, de ganhar o voto. "O que difere agora é o modo como as notícias são produzidas, disseminadas e interpretadas. [...] A partir da emergência da internet, da cultura digital e das redes sociais, surgiram novos modos de publicar, compartilhar e consumir informação e notícias que são pouco submetidos a regulações ou padrões editoriais"[29]. Acrescentaria a escala e a velocidade de difusão dos *posts* e/ou *tweets* publicados nas redes sociais, sem nenhum filtro ético (a não ser o do próprio usuário).

O processo eleitoral de 2018 trouxe esse debate para o Brasil, com o uso intensivo de robôs e tecnologias de impulsionamento de mensagens com o objetivo de influenciar o resultado eleitoral. Os robôs são programados para tarefas específicas – publicar mensagens contra ou a favor de determinado candidato, retuitar mensagens de determinada conta – executadas em intervalos muito curtos; inflando posições políticas específicas, o sistema tenta manipular o debate público e, consequentemente, aumenta a polarização.

---

28 SANTAELLA, Lucia. A pós-verdade é verdadeira ou falsa? Coleção interrogações. São Paulo: Estação das Letras e Cores, 2018.
29 Ibidem: p. 30.

As tecnologias de IA estão em seus primórdios, mas há fortes indicadores do potencial de complementar e melhorar as atividades humanas, agregando qualidade à vida no século XXI. Cabe à sociedade, contudo, encontrar um ponto de equilíbrio entre proteger os direitos humanos civilizatórios sem criar barreiras intransponíveis à inovação e ao avanço tecnológico; entre a abertura do acesso aos dados, para beneficiar a sociedade sem inviabilizar os modelos de negócio emergentes; entre aumento de produtividade e desemprego; entre a crescente desigualdade entre países, empresas e pessoas; e entre a livre expressão e a manipulação dos processos democráticos. Em paralelo, criar marcos regulatórios para frear o poder das gigantes de tecnologia e dos governos, que são os grandes concentradores de dados.

O marketing político mundial, o marketing político brasileiro e essa coisa indecifrável chamada futuro

André Torretta[30]

Os Estados Unidos são a maior democracia do mundo e também a mais rica, além de possuírem uma legislação eleitoral muito parecida com as regras de beisebol: dificílima de entender, a não ser quando acaba e alguém nos diz quem ganhou. De qualquer jeito, temos muito que aprender com as eleições americanas; coisas boas e ruins.

A campanha eleitoral de 2008 foi marcada pelo uso maciço de uma rede social chamada Facebook. Esse uso tinha como objetivo prioritário a arrecadação de fundos para a campanha. *Yes We Can* pela primeira vez arrecadou dinheiro usando redes sociais, berrava a campanha para todo o mundo ouvir. E todo mundo respondendo: "Ohhhhhhhh!!!!!!!". Mas a campanha fez mais que isso: organizou voluntários, lidou com as primeiras *fake news*, multiplicou os pontos de contato com os eleitores. Mas, naquele momento, a importância das mídias sociais foi muito mais

---

[30] **André Torretta** é publicitário, cientista comportamental e estrategista de campanhas, tendo trabalhado em todo o Brasil, Argentina, Portugal e Bolívia. Autor de "Como Ganhar Seu Voto"; "Mergulho na Base da Pirâmide"; "E Agora Vai? Um estudo sobre os próximos 20 anos do Brasil". Participou de projetos brasileiros e internacionais para empresas, como Ambev, Rede Globo, Claro, Gol, Gruppo Campari, Itaú, entre outras.

marketing do que qualquer outra coisa. Afinal, a campanha tinha apenas 120 mil seguidores no Twitter, 2,3 milhões de membros no Facebook e 11 milhões de *views* em um vídeo no YouTube – números importantes, mas volumetricamente baixos em comparação ao total da população.

O mais importante é que essa campanha do Obama foi a primeira campanha "pop" da história americana. O seu cartaz é uma obra-prima. Foi o vencedor do prêmio de design britânico Brit Insurance Design Awards 2009. Foi criado por Fairey, famoso artista de rua dos Estados Unidos, com um estilo de trabalho parecido com o da propaganda. Muita gente disse que essa campanha era a primeira digital da História, que tinha unido o mundo *on* e o mundo *off*. Sinto imensamente dizer que não. O Facebook, por motivos tecnológicos, só explode realmente a partir do ano 2012. Antes disso, numericamente, era um experimento muito bem-sucedido. Mas em um ponto trazia realmente uma novidade: candidatos se comunicando diretamente com os eleitores por meio de ferramentas on-line e interativas.

No Brasil ainda não existia campanha digital de verdade. A penetração da internet era baixa se considerarmos o total de eleitores brasileiros, e, para complicar, a legislação limitava a atuação digital a um site e, por debaixo do pano, algumas ações de e-mail marketing. Tudo passivo. E nada realmente massivo. Afinal, vale sempre lembrar que vivemos em um país pobre, o que afeta – quantitativa e qualitativamente – o uso de tecnologias. O mais engraçado é que o time que fez a campanha digital nos Estados Unidos veio ao Brasil participar de eventos e palestras para nos ensinar algo que de pouco adiantava aprender.

Quatro anos se passam e Barack Obama, de novo, é candidato e é reeleito. Nessa eleição, de novo temos um grande avanço no mundo digital, e agora, sim, em grande escala, influenciando no resultado da campanha. Vejamos o que aconteceu: proliferação de *data analytics* e modelagem preditiva, que possibilitou desenvolver estratégia de *microtargeting* eficiente e efetivo; testes A/B, controle de métricas em tempo real, *Big Data* e uso da nuvem. Sites de candidatos, junto com mídias sociais, serviram como importantes ferramentas para alcance e engajamento de eleitores. Aqui nesta campanha foi "inventado" o *microtargeting* comportamental.

Para se ter uma ideia, foi gasto mais dinheiro em "inteligência" do que em mídia. Isso nunca tinha acontecido antes. Isso no Brasil seria considerado uma loucura. Pela primeira vez, os dados da população americana foram verdadeiramente usados em uma campanha política. Foi o "ano zero", o Big Bang. Dezenas de cientistas de dados, pesquisadores, estrategistas e até jogadores de pôquer foram contratados para analisar dados e métricas. As estratégias de argumentação on-line foram colocadas à prova. Escolas de argumentação foram criadas. Sim, porque as técnicas argumentativas publicitárias tradicionais são diferentes das da área de saúde, de guerra e de política.

E aqui vale lembrar: primeiro, a legislação norte-americana sobre dados é muito mais "aberta" do que a brasileira; segundo, as redes sociais são empresas privadas, que fazem o que o dono mandar, e, assim como qualquer empresa, os dados são propriedade deles, que vão encontrar uma forma de ganhar dinheiro com eles. As eleições de 2012 foram o grande ensaio do que viria a ocorrer na campanha de 2016.

Voltando ao passado: primavera no Egito, país emergente, milhares e milhares de jovens com celular na mão, explode um movimento político. Mas será mesmo um movimento político espontâneo? Será que existe movimento político espontâneo? Técnicas de marketing de rede e argumentação foram utilizadas? Não sabemos. O que sabemos é que o padrão desses movimentos políticos "espontâneos" mudou de patamar, andou uma casa adiante.

Brasil, 2013. País emergente, explode a manifestação contra os R$ 0,20. Os mesmos mecanismos de proliferação de mensagens pelas redes sociais foram usados. Pouco tempo depois, os movimentos MBL e VemPraRua nascem e transformam-se em grandes movimentos políticos na rede e fora dela. Um dos líderes do MBL já declarou aos jornais e a uma emissora de televisão (GloboNews) que esteve nos Estados Unidos, em locais de treinamento que ensinam como lidar com marketing de rede e a utilizar técnicas de argumentação. Por coincidência, esse local treina pessoas, partidos e movimentos de direita.

E chega 2016. Eleições americanas. Trump *versus* Hillary. Trump, um candidato dito caricato. Hillary, uma candidata sem o carisma necessário para o momento. E, para completar o cenário, os Estados Unidos estavam vivendo o rescaldo da crise econômica de 2008. Uma crise avassaladora que tirou milhões de empregos, inclusive os empregos dos brancos americanos, aqueles que eram sempre os últimos a sofrer com a crise, aqueles que viviam no melhor país do mundo desde a Segunda Guerra Mundial.

Ou seja, o cenário perfeito para um candidato de direita cujo slogan era "Make America Great Again". Diga-se de passagem, um slogan bem similar ao do presidente Ronald Reagan que, por coincidência, também era de direita e enfrentava os Estados Unidos em forte crise. O cenário perfeito para se achar um inimigo: "os estrangeiros, aqueles que roubam empregos". O mundo assiste ao embate boquiaberto. A figura tragicômica de Trump e suas frases arrogantes assustavam o mundo. Mas por que falar sobre isso? Porque meses depois estourou o maior escândalo até hoje envolvendo dados.

Façamos uma pausa para entender melhor a história da Cambridge Analytica, um dos atores principais desse escândalo. A história que muita gente quer ouvir e saber. Para quem conhece, a Cambridge Analytica foi uma das empresas contratadas pela campanha de Trump, em 2016. Ela lidava com dados e construção de argumentos, além de palpitar na estratégia. E eu, como parceiro dessa empresa aqui no Brasil, acredito que fui um espectador privilegiado da História.

A Cambridge nasceu a partir de uma empresa inglesa chamada SCL, criada há 25 anos. Uma empresa que tinha em seu portfólio clientes de renome, como a rainha Elizabeth, a Otan, diversos governos, importantes instituições e as maiores empresas da iniciativa privada. Essa empresa foi chamada por um grupo de investidores e por Steve Bannon, então estrategista de Donald Trump, para montar a Cambridge Analytica nos Estados Unidos e, assim, pleitear trabalhos nas campanhas eleitorais. E o maior e mais reconhecido trabalho deles foi eleger Trump presidente.

Em algum momento do início de 2016, a Cambridge Analytica me procurou aqui no Brasil. Não, não fui eu que os procurei. O que nos unia? Por que eles me chamaram para conversar sobre uma possível parceria? Porque tínhamos o mesmo escopo como empresa: desenvolvimento de estratégia e argumentação. Mas como era a operação? É o que você deve estar se perguntando. Então vamos a ela.

O mundo tem milhões e milhões de dados sobre a maioria das pessoas que o habitam. Obviamente, quanto mais rico é o país, mais dados existem sobre os seus cidadãos. Soma-se a isso, como já foi dito anteriormente, que a legislação americana permite que esses dados sejam capturados e usados quase que livremente. O problema, e aqui vale sublinhar, é o que fazer com os dados. Sim, a SCL sabia o que fazer com eles. Porque os profissionais da SCL são cientistas comportamentais, e os americanos estavam contratando cientistas de dados que não entendiam quase nada de comportamento e argumentação. E foi esse conhecimento, esse know-how, que foi levado para a América pela Cambridge Analytica.

Para operar nos Estados Unidos, o primeiro passo era montar um grande banco de dados. A Cambridge Analytica possuía 3 mil pontos de informação por americano. Isso é ilegal? Não! A grande maioria das agências de propaganda tem acesso a esses dados, assim como boa parte dos grandes anunciantes. Mas você pode dizer: "Ah! Só que eles tinham dados do Facebook". No programa *60 Minutos*, da emissora de TV norte-americana CBS, um ex-funcionário da Cambridge Analytica declarou que, além dos dados do Facebook, funcionários do próprio Facebook colaboraram diretamente com a campanha de Trump. Ou seja, o Facebook teria aberto sua caixa-preta de dados e repassado informações de seus usuários. Mas essa é uma questão a ser respondida por Mark Zuckerberg, e não pela Cambridge Analytica.

Ao mesmo tempo, a revista de inovação e tecnologia *Wired* escreveu que o CEO da Cambridge Analytica, Alexander Nix, era um dos gênios deste século. Mas por quê? O que de tão diferente eles faziam com os dados? Eles construíam perfis psicográficos das pessoas utilizando metodologias criadas há 50 anos. Metodologias utilizadas por centenas e centenas de empresas ao redor do mundo. Para os que não têm tanta familiaridade com o tema, vou dar um exemplo simples. Lobão é um cantor de direita. Provavelmente, grande parte dos seus seguidores é de direita, então é para ali que devo concentrar meus esforços porque tenho pessoas com um perfil psicográfico mais aberto a aceitar, validar e disseminar minha argumentação sobre um candidato de direita. Simples assim.

A Cambridge Analytica é uma empresa que usa dados lícitos e dados disponibilizados por uma empresa privada como o Facebook, aplicando metodologias criadas há mais de meio século e utilizadas por muitos outros *players* do mercado. Então, ela não fez nada de errado, por que esse escândalo tomou uma proporção tão grande? A verdade é que, até o momento, nenhum dolo foi encontrado na operação e ninguém foi processado ou preso. Acredito que o escândalo está associado diretamente ao impacto político dessa operação. Afinal, sob essa tempestade muita coisa aconteceu.

De qualquer forma, existe, sim, uma discussão levantada nessa campanha. Não estou dizendo que está tudo certo, que nada aconteceu. Precisamos, no mínimo, discutir o uso dos dados, as redes sociais, as *fake news*, a intromissão de empresas nos processos eleitorais, o mundo on-line, a manipulação e o poder decisório de toda uma população. Sobre essas questões, acredito eu, ninguém deveria se furtar de se aprofundar e discutir. Mas, infelizmente, sou realista sobre o futuro: acho que será difícil definir barreiras democráticas e legítimas em relação à liberdade e à privacidade no uso de dados. Você pode achar que estou sendo pessimista, mas analisemos as situações que tivemos até agora e quais foram as saídas encontradas.

A campanha de Barack Obama inaugurou esta nova era digital e de uso de dados, mas ninguém falou nada. O WikiLeaks devassou uma quantidade imensa de dados e informações sigilosas, mas poucas mudanças foram realmente aplicadas a partir disso. Soubemos que a ex-presidente do Brasil Dilma Rousseff estava sendo vigiada, assim como a presidente alemã Angela Merkel, e nenhuma sanção mais forte aconteceu. Uma loucura. O Brasil ficou mais indignado com a utilização de dados na campanha do Trump do que com o conhecimento de que os Estados Unidos estavam nos vigiando. Pode isso? Não estou contando nada que ninguém não saiba.

Claro que há, sim, algumas iniciativas que buscam regular o uso de dados. Em 2018, a União Europeia modificou a legislação tentando conter a obtenção e o tráfico de dados e sua utilização incorreta. A Comunidade Europeia está muito preocupada com o monopólio do Google, que detém dezenas, milhões de informações em seus bancos de dados. O Brasil também está modificando a sua legislação. A campanha de 2018 já nos ensinou que devemos ficar mais atentos, os jornais nos dizem que algumas campanhas presidenciais usaram banco de dados obtidos de maneira ilegal. Mas temos de admitir que a humanidade ainda está atônita com a utilização dos dados. Sobre o que legislar, como utilizar, como conter os excessos, ainda não há respostas claras.

Participei de um debate com profissionais de tecnologia, e eles achavam completamente normal a utilização de dados para vender refrigerante e completamente imoral a utilização de dados em uma campanha eleitoral. Qual o critério que devemos utilizar? Em minha opinião, não pode haver dois pesos e duas medidas. Porém, devo salientar, posso estar errado. A questão é que a pasta de dente não vai voltar para o tubo. Se o mundo dos dados hoje pode ser utilizado para tudo, para vender qualquer produto ou serviço, por que não poderia ser utilizado em uma campanha eleitoral ou para uma comunicação governamental? Há que se discutir mais ampla e profundamente essas questões.

Sempre me perguntam sobre a minha visão sobre o Brasil nesse contexto de dados. Posso dizer o seguinte:

1. Somos um país pobre. Temos um grande banco de dados privado que é o Serasa/Experian. Grandes bancos de dados públicos dos governos (federal, estadual e municipal), em sua maioria defasados e inacessíveis de forma legal. Ou seja, não temos as condições estruturais que os Estados Unidos têm em relação à quantidade e qualidade dos dados disponíveis para utilização.

2. Nossa grande rede social é o WhatsApp, e nos Estados Unidos, o Facebook. Isso também influencia. No Facebook, há formatos comerciais para impulsionamento e segmentação de mensagens. No Brasil, o Facebook declara ter 127 milhões de usuários ativos mensais, mas se o cidadão não tem dinheiro para recarregar o seu pré-pago, ele não tem como usar o Facebook. O WhatsApp é predominante no Brasil e na Índia porque as operadoras dão uso ilimitado do aplicativo. O WhatsApp é uma plataforma fechada, pelo menos até agora. Ou seja, não é possível fazer propaganda paga, não tem como montar perfis psicográficos, não tem segmentação, não conseguimos obter dados. Sem falar que a legislação eleitoral brasileira só foi modificada em 2017, permitindo campanha política ativa nas redes sociais. Ou seja, nenhum profissional de marketing e nenhum político tinha experiência prévia de como se comportaria uma campanha política utilizando a força das redes sociais. Eram poucos e limitados

experimentos aqui e acolá. Experimentos exitosos com marketing de rede e argumentação só tinham sido trabalhados pelo MBL e o VemPraRua, e se de maneira intuitiva ou profissional eu realmente não sei afirmar. Não tivemos tempo ainda de construir um banco de dados consistente para utilizarmos em campanhas. O futuro, para mim, indica que será bem mais complexa a estratégia de uso de dados no Brasil do que nos ricos e poderosos países do hemisfério norte. Nós temos bem pouco poder de segurança, mal temos condições de vigiar o nosso sistema financeiro, quanto mais os nossos dados. E vale lembrar que a plataforma Android, mais barata, e por isso mesmo mais consumida por países como o nosso, é bem mais vulnerável do que a plataforma IOS, comprada pelos mais ricos por ser mais cara. Ou seja, temos dados mais vulneráveis e estruturas de controle mais frouxas. Um risco ainda a ser calculado.

3. Uma boa parte dos dados brasileiros já é vendida ilegalmente. É só você correr para a Rua Santa Efigênia e gritar "Dados", que aparece um monte de gente com pen drives na mão. Se você acha isso um absurdo, sinto lhe dizer que isso acontece no mundo inteiro.

4. Para mim, a maior discussão que deve vir antes da legalidade é a discussão ética. Ou seja, é ética a utilização de dados em uma eleição ou podemos chamar isso de manipulação? É ética a utilização dos nossos dados pela iniciativa privada? Eu realmente não sei a resposta. E acredito que poucos saibam. Há muitos anos, alguns jornalistas diziam em seus jornais que não era ética a utilização de pesquisas qualitativas em uma campanha eleitoral. Hoje isso não é mais discutido. Dizer hoje que pesquisas são imorais é uma discussão anacrônica. Já a utilização de dados em campanhas políticas ainda está *sub judice*. Mas a verdade é que eles já estão sendo utilizados. Para o bem e para o mal. Gostemos ou não.

5. Por último, as *fake news*. Para mim, as *fake news* existem desde que o homem é homem. Basta lembrar-se das estátuas majestosas com homens enormes, fortes e bonitos, os quadros de batalhas sangrentas em que todos os soldados aparecem com roupas limpas

e sem nenhum sinal de terror em seus rostos, o quadro do Grito do Ipiranga. Será que foi mesmo daquele jeito? Claro que não. O que mudou foi a forma. Agora temos tecnologia. As *fake news* têm poder de ir mais longe e atingir muito mais gente. Mudou a forma, mudou a distribuição. Em 2018, milhões de brasileiros compartilharam *fake news* por meio do WhatsApp nas eleições. Poucos se importavam em checar de onde vinham essas notícias e se eram de fontes fidedignas. Por mais esdrúxulas que fossem as notícias, nada era mais importante que compartilhar. Mesmo sabendo que compartilhar informações falsas contribuía para tornar a escolha do seu candidato ainda mais confusa. Mesmo sabendo que compartilhar *fake news* injuriando candidatos a cargos públicos é crime. Ou seja, como reclamar quando o próprio povo, mesmo sendo avisado pela imprensa, era o grande disseminador de *fake news*? Como controlar essa disseminação sem esbarrar na liberdade de expressão? São muitas novas questões para as quais ainda levará tempo para termos respostas aplicáveis.

Falando sobre o processo eleitoral de 2018 no Brasil, destaco a atuação da campanha do presidente eleito, Jair Bolsonaro. Eles lideraram o uso do ambiente digital na campanha e as demais campanhas foram no rastro, tentando entender o que estava acontecendo e por que a televisão não tinha mais tanto efeito sobre a escolha dos eleitores. Não que não tenhamos profissionais brilhantes e preparados, mas as circunstâncias prejudicaram. A campanha foi curta; a pré-campanha ainda foi tímida e existiu, em sua maioria, em casos de reeleição; a falta de clareza nas novas regras do financiamento público de campanha e a falta de dinheiro.

O medo dos políticos e marqueteiros em relação a tudo, e com razão. E para complicar ainda mais, quase todo mundo foi pego de surpresa com a força do WhatsApp. Já a campanha do presidente eleito começou com quatro anos de antecedência, tinha um posicionamento de comunicação muito claro, coisa rara em tempos de tucanato. Colocou em pauta questões morais e culturais. Para lembrar, o discurso da extrema-direita propõe uma sociedade homogênea, na qual todos pensam a mesmíssima coisa, rejeitam o pluralismo político, rejeitam o multiculturalismo. Luta, inclusive, contra a arte que não seja a dela (da extrema-direita). Ou seja, um posicionamento claro. E a mesma estratégia foi aplicada aqui durante as eleições brasileiras. A campanha foi atrás das certas tecnologias em diversos países do mundo, pelo menos é o que dizem em boatos, desenvolveram as técnicas corretas de retórica, implantaram uma estratégia de guerrilha digital e, como resultado, mudaram as eleições brasileiras para sempre. Esse é o grande *case* das eleições 2018, o resto é balela.

Campanha é campanha, governo é outra história

Keffin Gracher[31]

Desde 2006 venho coordenando campanhas no ambiente digital. Vivi passo a passo uma vertiginosa transformação desde então, na qual a criatividade e a percepção rápida da conjuntura permitiram que profissionais desenvolvessem ações capazes de ajudar a mudar o curso de campanhas e governos. E como mudaram...

Coordenei uma pequena equipe de comunicação digital na campanha ao governo do Estado de São Paulo do então senador Aloizio Mercadante, em 2006. O uso do ambiente digital para campanhas era uma novidade: não tínhamos ainda redes sociais consolidadas (a maior era o Orkut), o acesso à internet era reduzido, e poucos parlamentares e governantes exibiam sites pessoais. Nessa campanha, o caderno Link do jornal *O Estado de S.Paulo* considerou a experiência da campanha à presidência de Marina Silva e ao governo de Aloizio Mercadante como as mais exitosas nos ambientes digitais.

---

31 **Keffin Gracher** é jornalista e cientista social. Coordena projetos de comunicação digital desde 2006, com foco em governos e campanhas eleitorais. No governo da presidente Dilma Rousseff foi diretor de internet, responsável por toda a presença digital do governo federal, período em que estabeleceu parcerias e trocas de experiência com as principais empresas de tecnologia do Vale do Silício e também com a Casa Branca, representando o governo brasileiro nessas parcerias em Washington e São Francisco.

Dispúnhamos, basicamente, de três ferramentas: Orkut, e-mail marketing e site. Esses eram os recursos de comunicação digital. As comunidades do Orkut geravam bons debates; o perfil oficial da campanha tentava se aproximar e interagir com a sociedade; o site era um repositório de conteúdo de agenda, perfil e histórico do candidato e vice, programa de governo, além de artigos e posicionamentos do candidato; e o e-mail marketing tentava chegar até os eleitores com propostas segmentadas, experiência distante ainda do *microtargeting* que hoje utilizamos.

Se na eleição de 2018 a comunicação digital se consolidou, em 2006 era vista como algo inovador, mas sem muita capacidade de gerar resultados concretos, seja pelo número restrito de internautas, seja pelas poucas ferramentas disponíveis. Faltavam resultados, principalmente em razão da incompreensão das coordenações de campanha, do potencial de impactar e influenciar o que os canais digitais já possuíam.

Após ter feito campanhas a cada dois anos, incluindo algumas de entidades nesses intervalos, cheguei em 2014 com uma boa estrutura e razoável experiência para atender às campanhas proporcionais, que eram meu foco. No segundo turno, após ter ajudado a eleger a maioria dos candidatos com quem trabalhei naquele ano, fui chamado para auxiliar na disseminação de conteúdos a fim de tentar segurar a enxurrada de *fake news* disseminadas contra a candidata Dilma Rousseff.

As eleições de 2014 foram a continuidade do que vimos se organizar com as manifestações de 2013. Foram também um prenúncio do que viria a ser 2018, com a eleição disputada e vencida com o impulso decisivo das ferramentas de comunicação digital. Considero 2013 um ano que não terminou. Poucos conseguiram fazer uma leitura clara do que passamos. Do ponto de vista da comunicação digital, tivemos um novo paradigma; grupos políticos como MBL, VemPraRua e Revoltados On-line organizaram-se e se consolidaram, utilizando-se das redes sociais para mobilizar e disseminar suas posições.

Vivíamos em 2013, pela primeira vez na História do Brasil, algo próximo ao Estado de Bem-Estar Social. Beirávamos o pleno emprego e a renda crescia, mas um constante movimento de criminalização da política se aprofundava na sociedade, abrindo espaço para esses grupos autointitulados não políticos e apartidários, que arrebanhavam corações e mentes. As manifestações iniciam-se como um movimento pautado por bandeiras da esquerda, como o "passe livre", mas logo foram dominadas por uma pauta moralista, que hoje se mostra demasiadamente contraditória com as posições e a eleição de seus membros.

Se já em 2014 o desafio foi superar os boatos (as *fake news*), em 2018 isso se aprofundou. Causa-me estranheza, entretanto, a falta de investimento das campanhas em comunicação digital e no trabalho de conter a disseminação de conteúdos falsos. Circulei pelos bastidores das campanhas majoritárias e pude ver o foco ainda na televisão. Enquanto o jogo já estava sendo jogado nos ambientes digitais, as campanhas investiam seus recursos em um ambiente que já não era o palco principal da disputa.

A eleição de 2018, não diferente do que 2014 anunciava, foi a eleição da desinformação: grande parte da sociedade preferiu o boato à verdade, recebendo um conteúdo com ares de restrito, sentindo-se protagonista ao repassar e incluir pitadas suas. Isso permitiu que as mentiras prevalecessem, mesmo as mais estapafúrdias, estimuladas por candidatos que não tiveram o menor pudor de mentir. Mesmo desmentido, um dos candidatos chegou ao ponto de voltar a mentir em rede nacional sobre "kit gay" e outros temas polêmicos que ele e sua campanha alimentaram.

Eleição, assim como acidente de avião, jamais é definida por um fator. É a conjunção de fatores que define os pleitos. Um dos fatores mais relevantes para o resultado eleitoral de 2018 foi a forma com a qual se trabalhou a estratégia de comunicação digital. Sem fazer juízo de valores éticos, os vencedores souberam entender a natureza humana e usar as ferramentas hoje disponíveis da comunicação digital. Conseguiram chegar às pessoas simples por meio de uma rede social que se espalhou pelo país junto com os smartphones – as donas de casa do sertão nordestino ou do interior do sul do país tiveram acesso a informações que as chocavam, como os detalhes criados com a história do "kit gay", a ameaça de o Brasil virar uma Venezuela, ou o risco da implantação do comunismo – e até a afirmação de que candidatos defendiam a pedofilia.

Isso criou um ambiente no qual desmentir é quase impossível, pois não temos facilidade de fazer chegar o desmentido a cada celular. Assim, tivemos a desinformação vencendo, sem que tivéssemos alguma ação efetiva do Judiciário para tutelar o processo.

Como se cria uma *fake news*?

Toda mentira precisa de um fato verdadeiro na sua narrativa para torná-la real. Como podemos ver na história do "kit gay", ele nunca existiu, mas há dois fatos reais na narrativa que possibilitam que as pessoas acreditem em toda a história: primeiro, há um livro sobre educação sexual editado pela Companhia das Letras, que nunca foi comprado e distribuído pelo governo federal; segundo, foi debatida em comissão na Câmara dos Deputados uma ação de enfrentamento ao preconceito contra homossexuais. Assim, foram distorcidos fatos reais depois juntados com uma narrativa absurda, segundo a qual a esquerda queria ensinar homossexualismo para crianças de 6 anos.

Pronto, já tínhamos um fato que colocaria qualquer pessoa contra o candidato da esquerda, Fernando Haddad; assim ocorreu com outras tantas histórias ao longo desses anos e mais intensamente no período da eleição. Em 2014, desmentimos o "chip da besta" que a presidente Dilma Rousseff supostamente implantaria em todos para dominá-los, bem como as histórias de que ela havia assassinado um jovem militar. Antes, muitos boatos bem construídos eram espalhados em rádios, pontos de ônibus, bares, restaurantes, igrejas; atualmente, há canais muito mais rápidos e eficientes: as redes sociais.

Governo é outra história...

Em 2015, aceitei coordenar a comunicação digital do governo federal, tornando-me diretor de internet da Presidência da República, cargo que ocupei até o *impeachment* de Dilma. Se assumir esse papel no governo federal já é um grande desafio, muito mais ainda em um governo que começa com ataques e desestabilizações políticas causadas por uma oposição que não reconhecia os resultados das urnas.

A eleição não terminou em outubro de 2014. O ambiente criado foi inflamado pela oposição, apoiado e amplificado pela mídia, na qual todas nossas ações positivas eram reduzidas e sufocadas, e cada tropeço era motivo para uma imensa repercussão. Nessa nova posição havia uma imensa diferença em relação a atuar em uma campanha, pois, usando recursos públicos, estando em um governo, as ações eram extremamente limitadas. Jamais poderiam envolver contra-ataques, resumindo-se a restabelecer a verdade e divulgar os êxitos.

A estratégia de disseminação de *fake news* que pautou a campanha de 2014 permaneceu ativa pela oposição, que buscava desinformar para formar opinião contrária ao governo. Nesse cenário, tínhamos um desafio diário, de monitorar e antecipar respostas às mentiras que estavam circulando com potencial de viralizar. Era uma linha tênue entre ajudar a viralizar uma mentira, dando uma resposta oficial, ou de fato vacinar e estancar aquela mentira.

Nesse cenário, traçamos várias estratégias e ações, mas duas foram muito exitosas: o Fatos e Boatos e o #GovInforma. Iniciativas distintas, mas com a intenção de restabelecer a verdade e a posição do governo.

O Fatos e Boatos era um trabalho diário. Nossa equipe de monitoramento das redes sociais estava atenta a cada novo boato, às *fake news* que surgiam. Tínhamos uma métrica para definir seu potencial de viralização e, quando atingia determinado nível, era produzido conteúdo para combater o tema. Muitos temas arrastavam-se desde a campanha e outros tantos surgiam diariamente. Outro desafio era produzir um conteúdo leve, objetivo, bonito, que fosse de fácil compreensão e chegasse até aqueles que foram atingidos pelas mentiras – ou seja, precisávamos fazer o conteúdo viralizar, mas sem ferramentas de impulsionamento, disseminação de mensagens em massa e sem o empenho de grande parte das pessoas em distribuir conteúdo que fosse desmentindo boatos.

O #GovInforma tinha o papel de refutar, com o uso de uma linguagem mais dura, os absurdos que a imprensa vinha publicando. Um exemplo marcante foi a capa da revista *IstoÉ*, que trazia um conteúdo sexista e covarde contra a presidente. Esse trabalho era realizado em conjunto com a Secretaria de Imprensa, liderada pelo jornalista Rodrigo de Almeida, que diariamente avaliava conosco as matérias que fugiam do bom jornalismo. Após análise da mídia diária, avaliávamos quais notícias precisavam ser respondidas por meio do #GovInforma e produzíamos os textos coletivamente, demarcando a posição do governo de forma contundente, o que acabou gerando maior engajamento às respostas.

Minha passagem pelo governo federal foi curta, intensa, e de uma produção muito grande. A unificação da comunicação digital do governo federal era uma meta que transformei em um projeto de Portal Único. Venci os obstáculos da tecnologia, as barreiras do comodismo de parte dos funcionários, porém fomos tirados do governo antes que pudéssemos concluir a implementação do projeto. O Portal Único era uma evolução da já implementada identidade única, na qual todos os sites do governo federal ganharam o mesmo layout e arquitetura. Minha intenção com o Portal Único era economizar tempo e recursos do governo, reduzir a dispersão dos conteúdos, unificar o discurso e facilitar para o cidadão encontrar aquilo que procurava.

Até hoje a produção de conteúdo é feita por cada ministério ou órgão governamental e publicado em seus sites. Esses conteúdos são refeitos para publicação no portal brasil.gov.br. Ou seja, pagamos para produzir e pagamos para reproduzir. Muitos conteúdos são produzidos sem qualidade e elementos para incrementar sua apresentação, como vídeos e infográficos, informações importantes que normalmente não chegam à população.

De forma grosseira e traçando uma linha comparativa distante, o Portal Único seria o G1.com, e os ministérios seriam cada afiliada da Globo. Ou seja, um portal de entrada que seria o brasil.gov.br, com os principais conteúdos de cada ministério, e desse portal de entrada o cidadão teria acesso aos ministérios e órgãos do governo, como brasil.gov.br/saude para acessar o site do Ministério da Saúde, e assim por diante.

Os editores do Portal Único definiriam pela agenda estratégica do governo os conteúdos que iriam para a capa do portal. Esses conteúdos poderiam ser incrementados com produção de vídeos, infográficos e outros recursos. Evoluiríamos tecnologicamente, do ponto de vista da segurança da informação, para uma tecnologia de software livre, no qual cada melhoria seria implementada para todos – tecnológica, de arquitetura, da informação, ou mesmo de layout. E os custos seriam reduzidos, pois, atualmente, cada órgão paga para manutenção e alterações em seus sites.

O projeto mobilizou toda a Esplanada dos Ministérios. Fizemos diversas reuniões. Chegamos, inclusive, a apresentar o projeto à Secretaria de Estado do Governo dos Estados Unidos, que ensejou um convite para uma visita de troca de experiências em Washington. Fui até lá para apresentar nossos avanços no entendimento da comunicação digital de governo e do Portal Único, além de conhecer as experiências trabalhadas por eles. Diferentemente do que imaginávamos, o governo norte-americano também sofria com dificuldades como as nossas, da descentralização das informações e dificuldade na atuação linear da comunicação digital.

Enfim, avançamos muito na compreensão da comunicação digital de governo, mas não tivemos tempo de implementá-la. As agências que atendem o governo tentaram dar continuidade ao projeto, mas não conseguiram sensibilizar aqueles que assumiram. Em um governo de coalizão, em que ministros têm um projeto pessoal para além dos interesses do ministério, temos mais dificuldades em alinhar a comunicação de governo como um todo.

Nas campanhas, o desafio é lidar com as coordenações, que precisam ser sensibilizadas de cada ação, mas, em contrapartida, temos um alto grau de liberdade de agir, de fazer, de responder e, se necessário, de atacar. No governo, os limites são muitos, algumas vezes paralisantes. Para além dos limites das leis, temos os limites da compreensão do governo. Tive muita sorte por ter sido liderado por Edinho Silva, então ministro da Comunicação Social, que sempre teve uma visão de vanguarda do que deveria ser a comunicação de governo e ajudava na defesa das ações e projetos que desenvolvemos.

Seja nas campanhas, seja nos governos, a comunicação digital é imprescindível atualmente. Faltam, no mercado, profissionais que saibam fazer a leitura política e uma boa análise da comunicação, para saber dialogar com os atores políticos e transformar as estratégias em ações efetivas de comunicação.

Minha digital no governo Temer

Elsinho Mouco[32]

A minha relação com o agora ex-presidente Michel Temer vem de longa data. Há vários anos acompanho de perto a sua trajetória na vida política do país. Trajetória que abrange a sua atuação na Câmara Federal, no partido (MDB), na FUG (Fundação Ulysses Guimarães) e, mais recentemente, na Presidência da República. Portanto, é um relacionamento cercado de conhecimento mútuo e, sobretudo, de absoluta confiança. Sei exatamente quando posso insistir em uma ideia e quando devo desistir.

Nesses longos anos de convivência, sempre vi o presidente como um homem discreto, extremamente educado, culto e dono de uma boa dose de timidez e formalidade. Agora, para quem o acompanha no dia a dia, também fica fácil enxergar nele uma pessoa gentil, afetiva e que valoriza muito os que o cercam. Além de ter a humildade que identifica e é marca dos grandes líderes. Durante esses anos em que estivemos juntos, foram vários os projetos bem-sucedidos. Posso aqui citar alguns, como as campanhas vitoriosas que permitiram ao dr. Michel ocupar, por três vezes, a presidência da Câmara Federal.

Destaco também os programas nacionais do MDB (de rádio e TV), que inovaram na linguagem e tiveram enorme repercussão na mídia. Ou, ainda, a construção de um projeto político que, depois de vários

---

32 **Elsinho Mouco** é empresário da comunicação e diretor da Pública Consultoria. Atuou em diversas campanhas dentro e fora do país. Foi diretor de atendimento e conteúdo na comunicação digital do governo Temer.

mandatos na Câmara Federal, viabilizou e levou o deputado Michel Temer a compor a chapa e se eleger vice-presidente da República. Participar diretamente de todos esses projetos foi profissionalmente e pessoalmente enriquecedor.

Foi sem dúvida em decorrência desse passado e da relação de confiança estabelecida que, mais à frente, fui convidado a assumir a diretoria de atendimento e conteúdo digital da Isobar – uma das agências licitadas para atender a Secretaria de Comunicação do Governo Federal (Secom). Mas, antes disso, foram muitos os momentos difíceis que a comunicação do governo teve de enfrentar: a começar pela divulgação do documento "Uma ponte para o futuro", que naquele momento tinha como único objetivo ajudar o governo (e éramos parte dele) a tirar o país da maior crise econômica de sua história.

Nada mais natural do que colaborar nas soluções, mas o documento foi totalmente ignorado por ter sido taxado como uma peça de oposição. Ironicamente, foram medidas sugeridas nesse documento que fizeram o país sair da recessão e baixar a inflação a níveis históricos.

Na sequência vieram o *impeachment*, traumático na vida do país, e o rótulo de "golpista". Rótulo que o petismo quis colar, de forma nada ética, nada republicana, no vice-presidente. Em resposta a esse ataque, sem o menor amparo constitucional, e contra a desordem política, econômica e social, herdada pelo novo presidente, propus, e imediatamente foi aprovado, o slogan e a logomarca "Governo Federal: Ordem e Progresso". Não só porque expressava fielmente a intenção do novo governo – a de resgatar o ciclo de desenvolvimento e devolver a paz social ao país –, mas também porque, ao exaltar o orgulho nacional, ajudaria a resgatar a autoestima dos brasileiros. Milhões, país afora, estavam descrentes de tudo e de todos.

Alguns criticaram a nova marca do governo, mas o tempo mostrou que ela era oportuna, pertinente e refletia exatamente o sentimento da sociedade: a de viver em um Brasil onde a Constituição e as leis sejam respeitadas, onde haja desenvolvimento, mais igualdade e oportunidades para todos. Enfim, onde os interesses do país e da população estejam sempre acima de interesses pessoais ou políticos. A marca cumpriu o seu papel.

Outra iniciativa foi o lançamento da hashtag #BoraTemer para combater o #ForaTemer que já havia viralizado em todo o país. Mas, devido à forte organização da militância lulopetista e o seu poder de fogo nas redes sociais, a resposta não alcançou o efeito desejado. Quero lembrar que esses trabalhos, assim como outros, foram doações feitas por mim à equipe governamental, principalmente ao presidente, como contribuição por todos os anos de parceria profissional e a forte relação que nos une.

A vida não estava fácil com os ataques que vinham de todos os lados. Mas isso não impedia o governo de aprovar reformas consideradas impopulares, mas de extrema valia para o futuro do país. Um diálogo acompanhado de ações corajosas e ousadas, associadas a uma comunicação atuante, ajudava a concretizar essas mudanças.

Uma das estratégias adotadas foi a produção de vídeos semanais em que o presidente divulgava, pela TV e redes sociais, uma agenda de realizações. Assim foram aprovadas a lei do teto dos gastos, a lei das estatais, a reforma do ensino médio e a reforma trabalhista. E tudo estava devidamente encaminhado para aprovar a mais importante das reformas: a da Previdência.

Mas aí surge uma gravação inescrupulosa determinada a incriminar o presidente, paralisar o país, enterrar a reforma da Previdência e derrubar o governo. Uma trama promovida por setores da mídia e do Judiciário, em conluio com o "chefão" da JBS. A gravação, feita clandestinamente pelo delator premiado, na casa do presidente, foi noticiada com estardalhaço. Segundo a reportagem, a gravação implicava o presidente em crime de obstrução da Justiça e comprometia a sua honra. E tudo embasado em um suposto aval que ele (presidente) dava a uma compra de silêncio envolvendo uma provável delação premiada. Por parte dos autores da trama, a expectativa era provocar uma renúncia imediata de Michel Temer. Nesse momento, a comunicação foi colocada em xeque: o que fazer diante de uma notícia tão bombástica?

Em resposta a esse ataque criminoso, sugerimos a convocação de uma coletiva de imprensa em que o presidente, de forma segura e enfática, defenderia a sua honra e afirmaria que, em hipótese alguma, renunciaria. O episódio ficou marcado pela frase dita em alto e bom som: "Eu não renunciarei, repito, eu não renunciarei. Sei o que fiz e sei da correção dos meus atos". Nessa altura dos acontecimentos, a gravação não havia sido liberada. Depois, quando finalmente veio a público, a tal frase que precedia o aval do presidente era outra. O que o presidente avalizava era a manutenção de uma relação de amizade e não a compra de silêncio. Sem falar que, depois de uma desastrosa autogravação, feita pelo Batista mor e seu fiel escudeiro, vieram à tona os bastidores da trama armada para destituir o governo. A bomba mudou de colo e a comunicação pôde surfar na verdade.

De qualquer forma, todo esse processo gerou duas denúncias contra o presidente e, embora devidamente arquivadas pelo Congresso, não deixou de causar mais desgaste à imagem do governo, impedindo inclusive a aprovação da reforma da Previdência. Um prejuízo inestimável para o país.

A partir daí começou o trabalho mais desafiador. Eu já havia assumido a diretoria de atendimento e conteúdo junto ao governo federal e os ataques a cada dia se intensificavam. Fato é que tudo que vinha do governo era imediatamente rechaçado. Posso afirmar, sem medo de errar, que o governo Temer foi o que mais sofreu ataques por hora de mandato. Eram diuturnos: bastava abrir os jornais, ligar a TV, entrar na internet para ver a "enxurrada" de notícias levantando falsas suspeitas, tentando desmoralizar o presidente e o governo.

A má vontade era tão evidente que mesmo os avanços mais significativos, anunciados semanalmente, eram ignorados ou questionados. E nessa lista entram o fim da recessão, queda da inflação, queda da taxa Selic, recorde na balança comercial e na safra agrícola, Bovespa em alta, Risco Brasil em baixa, reversão na curva do desemprego. Sem falar das ações pontuais, como a liberação do FGTS e do PIS/Pasep. Dá para imaginar a dificuldade de estancar os índices de impopularidade diante da construção de um cenário tão contrário, tão desfavorável ao governo. Mas, fora o "vomitaço" de quem perdeu a boquinha, nunca foi detectado um possível movimento significativo de rua ou um daqueles ruidosos panelaços contra o presidente.

Toda ação que partia da comunicação era monitorada por pesquisas. Tínhamos dois ambientes: o digital, de minha responsabilidade, e o off-line, sob os cuidados das agências que atendiam a Secom. O objetivo comum era proteger o Executivo dos ataques e projetar as conquistas feitas. Visibilidade, transparência e *timing* correto na comunicação faziam parte da estratégia traçada. E assim fomos enfrentando as sucessivas intenções de desestabilizar o governo – que, com a mais absoluta convicção, escolheu seguir em frente com as medidas impopulares. Era preferível continuar a fazer o que de fato deveria ser feito e enfrentar a rejeição do que reverter as críticas adotando medidas populistas.

Tão clara era essa posição que, ao dar força nova ao Bolsa Família e ao Minha Casa Minha Vida e renovar o Luz para Todos, houve, de minha parte, uma sugestão de mudança nos nomes desses programas. A justificativa era de que isso poderia ajudar a melhorar a nossa imagem, pois os programas, muito mais fortalecidos, passariam a ter a nossa identidade, a nossa assinatura. Seria "pão com mel" (ou com leite condensado) para a comunicação, pois ajudaria a amenizar a impopularidade do presidente. A resposta foi um taxativo "não se fala mais nisso". E eu, como disse no início deste texto, sabia exatamente quando poderia insistir em uma ideia e quando deveria desistir.

Já com a intervenção na segurança do Rio de Janeiro, o Planalto teve um índice de aprovação de mais de 80% da população carioca e de mais de 70% na pesquisa feita no Brasil. Pela primeira vez em seu mandato, o presidente ganhou a simpatia e o aval popular. Mas voltamos a ter dias difíceis e de muito trabalho com o governo, enfrentando situações inesperadas, como os assassinatos da vereadora Marielle Franco e de seu motorista Anderson Gomes. Além de ter sido um duro golpe na democracia e provocado a indignação do presidente, a intervenção foi colocada em dúvida. Mais um grande problema também para a comunicação.

Não bastasse o crime bárbaro, que ganhou projeção internacional, na sequência veio a greve dos caminhoneiros. O movimento tinha reivindicações consideradas justas e contava com o apoio popular, mas ganhou uma dimensão maior com a infiltração de empresários frotistas. Eles estariam manipulando e estendendo a greve, ou seja, usando um movimento legítimo com a intenção de obter lucros milionários, o que caracterizava crime de locaute. Todos foram chamados a depor e estão sendo investigados. Mas, assim como no caso da gravação criminosa, o estrago estava feito. Mais uma vez, as consequências de atos desonestos prejudicaram a população. O país teve o PIB afetado. A previsão de crescimento, que era de quase 3%, caiu pela metade. E a previsão de inflação, que era de 3%, subiu para 4%. Com isso, bilhões foram perdidos.

E eu, que, aproveitando um momento positivo do governo com a intervenção no Rio e os resultados positivos da economia, já tinha autorização para trabalhar a candidatura do presidente à reeleição, tive de encarar uma frustração. Michel Temer, diante do novo cenário, tomou a decisão de declinar do projeto eleitoral. Mas, ao mesmo tempo, convocou-me para organizar o lançamento e a convenção da candidatura à presidência do ex-ministro Henrique Meirelles. A extrema competência de Meirelles à frente do Ministério da Fazenda justificava sua candidatura, além de avalizar o legado do governo.

Paulo Vasconcelos e Chico Mendez foram os responsáveis pela excelente campanha de Meirelles, totalmente baseada em princípios éticos e na apresentação de um programa de governo consistente, com soluções reais para dar continuidade aos avanços obtidos e vencer futuros desafios. Tive muito orgulho de participar desse trabalho como consultor e trocar experiências com uma equipe de primeira grandeza. Cada eleição tem suas peculiaridades e, desta vez, democraticamente, os eleitores resolveram não chamar o Meirelles.

Mas, durante a campanha eleitoral, para grande surpresa dos eleitores, coloquei em cena o Michel Temer youtuber. Todo ataque mentiroso ao seu governo ganhava um vídeo colocando as alegações em pratos limpos. Foram contemplados os candidatos Geraldo Alckmin, João Doria e Fernando Haddad. Tamanha foi a repercussão dos vídeos que o presidente manifestou a pretensão de dar continuidade a essa experiência digital.

Como já era previsto, o segundo turno das eleições, com os candidatos Jair Bolsonaro e Fernando Haddad disputando o Planalto, apresentou um cenário polarizado, com trocas de insultos e acusações entre eleitores. Isso gerou, em boa parte da população, incertezas e o receio do que viria a ser um futuro governo de pensamentos extremistas, de direita ou de esquerda. Surgiu aí #FicaTemer, movimento espontâneo na internet que expressava essa preocupação com os caminhos do país. E o que parecia algo sem grandes pretensões foi tomando corpo e tornou-se Top Trends do Twitter por dias.

Mensagens de apoio ao presidente Temer vieram de todos os cantos, de todas as classes sociais, e o humor usado em muitos dos *posts* fez abrir um largo sorriso em toda a equipe de comunicação. E o mais feliz deles estava estampado no rosto do presidente. Tinha início o reconhecimento por tudo o que havia sido conquistado. O trabalho diário (com hora pra começar, mas sem hora pra terminar), realizado por uma equipe de comunicação incansável, finalmente estava sendo recompensado.

#FicaTemer provocou comentários e divulgação na mídia. Analistas econômicos, jornalistas e economistas passaram a fazer um balanço positivo do governo Temer, do que ele deixou encaminhado para os próximos governos, e a reconhecer o valor dos serviços prestados ao país. Daqui a algum tempo, quando as reformas que foram feitas começarem a apresentar resultados mais claros, o reconhecimento virá em proporções bem maiores. Aí, quem sabe, não teremos uma #VoltaTemer?

Vivi momentos de angústia, é certo, mas também momentos de muito entusiasmo e otimismo com as conquistas feitas. Graças à feliz parceria com a Isobar e à disposição do cliente em mudar, as redes sociais da Presidência da República passaram por uma transformação sem precedentes. Ficaram mais ágeis, mais atuantes e com uma narrativa apropriada. Em 1º de dezembro, com a clara sensação do dever cumprido e em comum acordo com a agência, deixei a direção de atendimento e conteúdo digital para que a empresa ficasse livre e pudesse escolher um profissional identificado com a equipe do presidente eleito em 2018, Jair Bolsonaro.

Para encerrar, e somente a título de divulgação, todo o interesse e devoção do presidente Temer à vida pública, como também bastidores dos dois anos e meio em que esteve à frente do Executivo, foram registrados em um documentário. O presidente abre o jogo e conta tudo, inclusive os detalhes da trama que paralisou o Congresso e prejudicou enormemente a vida dos brasileiros. O material está em fase final de produção e, em breve, estará disponível para o público em várias mídias. O Brasil de Temer é mais um trabalho que também leva a minha digital.

Crises serão constantes nas redes sociais

Edson Giusti[33]

As redes sociais mudaram totalmente a disciplina de gestão de crises. Bons tempos foram aqueles nos quais "apagar um incêndio" de uma notícia falsa ou equivocada era algo que ocorria apenas por meio dos veículos da mídia tradicional. Ligava-se para o repórter ou diretor de redação e negociava-se um direito de resposta. A influência estava na relação que o assessor de comunicação detinha com seu contato e sua estratégia de comunicação: "Tenho contato com o diretor de redação. Vou falar com ele".

Tínhamos, sim, um número enorme de publicações. Jornais, revistas (eram muitas!), rádios e canais de TV. Mas focava-se nos veículos de maior audiência para "estancar a infecção". Mensagem definida, bastava falar com os jornalistas de cada veículo. Estou sendo simplista, é claro. Era e continua a ser um trabalho árduo. Gerenciar crises é um trabalho de *advocacy*: convencer com argumentos claros e dados precisos a possível incorreção feita pelo jornal ou revista. Do outro lado da linha, um jornalista com a responsabilidade de analisar e informar bem seu leitor.

As redes sociais não têm essa responsabilidade. Redes sociais não se intitulam como veículo de mídia. Consideram-se plataformas digitais, apesar de viverem de publicidade. Essa saída retórica fez com que esses

---

[33] **Edson Giusti** é jornalista especialista em gestão de crises e sócio da empresa de Relações Públicas Giusti Comunicação.

gigantes da internet lavassem suas mãos e deixassem livres milhares de pessoas e comunidades que podem postar o que quiserem, faltando ou não com a verdade.

Como fazer essa gestão? Como inibir ataques, *fake news*, *fake olds*, *haters* e descompensados? Como tudo nesse mundo digital, eu diria: essa resposta está sendo construída diariamente. Um mundo em transformação não tem manual de bordo. Tudo se atualiza, se transforma rapidamente. Neste exato momento, as respostas que começam a ser escritas são estas que irei expor em três pontos: Dados, Voz da marca e Comunidades.

Dados

Comparo a gestão de crises com um paciente na UTI. É preciso ter os melhores equipamentos e exames de última geração para se chegar ao melhor diagnóstico. Há uma infinidade de ferramentas para monitorar praticamente todas as redes sociais. A cada dia, uma nova *startup* surge com um novo recorte de monitoramento. Há grandes *players* no mercado que oferecem vários tipos de análises.

Cansei de receber análises longas, páginas e páginas de PPT com gráficos mirabolantes. As empresas de monitoramento entregam dezenas de páginas de relatórios para, inclusive, justificar o investimento nesse tipo de serviço. Porém, em uma gestão de crise, é necessário ser mais rápido do que preciso. O tempo é o grande inimigo de uma crise de reputação nas redes sociais. Uma infecção que se generaliza pode ser fatal. Tempo é sobrevivência.

É preciso, sim, analisar o alcance de uma crise. Mas a solução não é a análise quantitativa da taxa de engajamento ou dos milhões de comentários em que uma marca está sendo atacada. Esses números vão funcionar para medir a febre e o tamanho da infecção, mas não para buscar uma solução. Na maioria das vezes, a solução pode estar escrita nas entrelinhas dos comentários de *haters*, neutros ou *lovers*. E nesse ponto, robô ou nenhuma inteligência artificial (nem nosso caro Watson) conseguiu ainda trazer um *insight* revelador. Uma leitura intuitiva, entendendo os sentimentos contidos diante da crise instaurada.

Um exemplo, que pude constatar em um *case* que gerenciamos a quatro mãos com meu cliente Alpargatas, foi o boicote proposto pelo Instituto Brasileiro de Defesa do Consumidor (Idec) às marcas das empresas do grupo J&F, logo após os áudios vazados de Joesley Batista dentro da Operação Lava Jato. Naquela época, a Alpargatas tinha como acionista majoritário a J&F, *holding* mais conhecida pelas marcas famosas de carne, como Friboi e Swift. Em uma atitude irresponsável, o Idec propunha pelas redes sociais o boicote a todas as marcas, inclusive Alpargatas, Havaianas, Timberland, Topper e Rainha. Digo irresponsável, pois um instituto como o Idec deveria também saber entender que um boicote pode ameaçar o emprego de milhares de pessoas, provocando desemprego e fechamento de lojas.

A questão é que o boicote às marcas é uma ideia importada dos Estados Unidos, onde o consumidor realmente detém um poder incrível na decisão de compra e pode influenciar a opinião pública. No Brasil, esse tipo de ação nunca mudou um centavo no caixa das empresas – infelizmente. Mesmo assim, o boicote é uma ameaça à imagem das marcas. Bancos e o sistema financeiro cobram explicações dessas empresas pelos ruídos midiáticos, podendo encarecer o crédito e suas renegociações de dívida em curto prazo. Instala-se, então, uma crise a ser gerenciada.

No caso da J&F, veículos de mídia tradicional registraram o boicote nas redes sociais, mas, sem acesso aos números de vendas, não cravaram a efetividade do boicote. O que a imprensa poderia (e fez) foi registrar os dados dos relatórios fornecidos pelas empresas de monitoramento. O número era grande. Trend Topics nacional, milhões de comentários raivosos, mas ninguém soube analisar se de fato havia uma queda nas vendas desses produtos. Lembro-me de ter recebido do próprio cliente um relatório contratado especialmente para esse caso, recheado de gráficos catastróficos (tudo em vermelho), acusando uma infecção de grandes proporções. A imprensa, sem saber ler, dava como fato a ameaça do boicote vindo das redes sociais.

Em uma reunião emergencial me foi perguntado o que deveríamos responder em nossa página. Alguns defendiam que a Alpargatas deveria ter um posicionamento que deixasse claro que a empresa não possuía nenhuma relação com os fatos criminosos ligados à *holding*. Pedi, então, que nos fornecessem um monitoramento de "Social Listening", um tipo de garimpo de conversas relevantes das redes sociais. O monitoramento era feito pela agência Almap/BBDO.

Antes que o resultado chegasse, o redator da agência Ricardo Chester, que estava acompanhando o caso, telefonou pra mim e disse ter olhado vários comentários e um deles lhe chamou a atenção. Palavras de uma pessoa no Facebook: "Paro de comer Friboi, mas não abro mão das minhas Havaianas. Marca reconhecida no mundo inteiro. Orgulho do Brasil". Isso foi o suficiente para duas horas depois, em uma nova *conference call*, eu defendesse com unhas e dentes junto ao presidente da empresa na época, Marcio Utsch, que não deveríamos fazer absolutamente nada. Eu disse: "Não recebi o Social Listening ainda. Mas creio que não estamos na crise. Se falarmos algo, vamos ser sugados para o centro dos comentários raivosos. Poucos sabem que a Havaianas pertence à J&F. E os que agora sabem separam o joio do trigo". Marcio Utsch, experiente CEO e extremamente intuitivo, teve a mesma leitura e aceitou a recomendação. Não faríamos nada. Mais tarde, com o relatório em mãos, ficou claro que a crise não era nossa.

Esse caso ilustra bem a necessidade de estar amparado em bons relatórios, sucintos e que provoquem *insights* criativos, não em relatórios infinitos que mais complicam e geram paralisia.

Voz da marca

Crises em redes sociais são marcadas não somente por comentários raivosos e vulcões de ofensas à reputação de marcas, pessoas e empresas, mas também pela prática de diálogos intermináveis. Por isso, o maior objetivo é cessar fogo, cessar diálogos. Um posicionamento firme, claro e objetivo deve ser feito, mas tentar responder a inúmeros comentários é cair na armadilha da tração que mantém a crise viva.

Em uma crise de grande impacto é preciso ter claro que, enquanto o problema durar, as redes continuarão a pedir uma solução para o caso, clamarão por justiça e por soluções urgentíssimas. É o novo tribunal das redes sociais que pressiona a Justiça, sem esperar por investigação, apurações e inquéritos. Responder a cada comentário raivoso é dar tração ao assunto, é eleger cada internauta um juiz de toga. Desesperadas, as empresas montam verdadeiros exércitos para responder às pessoas e aos consumidores. Criam respostas-padrão no mesmo modelo de SACs das empresas. A armadilha está posta: enfurecer ainda mais os *haters* que vomitam seu ódio e consideram a resposta padronizada um desrespeito no código das redes. Nessa hora, interromper o diálogo é a saída mais inteligente.

Em um dos casos de gestão de crise de que participei, a cliente perguntou se três dias sem postar algo nas redes da empresa não poderia desgastar ainda mais a marca. Em um momento crítico de ataque generalizado que a marca estava sofrendo, respondi com um questionamento: temos algo novo? Se não temos, não há por que iniciar um novo diálogo. Para quê? Para se desculpar novamente? Para dar justificativas ao problema? A marca vai se desgastar, sim. Agora é hora de saber apanhar. Vamos reconstruir a marca em outro momento. Novamente, usando a metáfora médica: primeiro vamos baixar a febre. É hora de repouso. Passado isso, o paciente vai voltar a andar. Depois, fortalecemos a musculatura e podemos correr e competir.

Crises geram desconforto para as marcas. As empresas saem do discurso de suas estratégias de marketing. Para sair da crise, o tom do que vai ser publicado é fundamental. Marcas não são pessoas. Mas, nas redes, invariavelmente viram uma *persona*. E *persona* tem voz. Qual o tom para lidar com uma crise? Como ser sereno diante de uma grave acusação? Como não ser arrogante diante de tantos perfis com seus dedos acusatórios cobrando justiça por um erro daquela empresa? Mais que uma mensagem esclarecedora, clara, transparente, com argumentos bem definidos, o tom da voz do perfil da empresa em crise deve ter a sensibilidade de fugir de grandes embates, buscar solução para os problemas e provocar diálogos construtivos. Mais uma vez, sensibilidade humana a toda prova.

Profissionais preparados para lidar com sentimentos agressivos e raivosos, sem se envolver ou se apaixonar pela marca ou empresa. Verdadeiros embaixadores da paz. Mas não se iludam. As redes sociais são ambientes hostis, campos de guerra. Marcas que abandonaram a TV aberta e veículos com maior controle já deram meia-volta.

Procter & Gamble e Unilever, antes defensoras do digital, já anunciaram investimentos mais equilibrados. Construir a marca em ambientes sem tanto diálogo é mais seguro. Esses ambientes dão mais tempo para a marca se fortalecer. Redes sociais são campos abertos.

Comunidades

Lembra do público-alvo? Então... é diferente. Não por acaso o mundo digital denominou-os como "comunidades" e, literalmente, no sentido mais sociológico existente. São comunidades que se agrupam não só por afinidade, mas também por alguma ideologia. São centenas e milhares. Religiosos, políticos, por gênero, veganos, carnívoros, amigos dos animais, ecologistas, meio ambientalistas, fitness, artistas e outros grupos que nunca se intitulam (são os piores) racistas, nazistas, xenófobos, extrema alguma coisa. Todos separados em grupos e perfis com suas crenças distintas, até surgir um fato que possa colocá-los em uma mesma conversa. Imagine a cena de água fervendo com pequenas bolhas separadas até chegar ao ponto de ebulição em que essas centenas de bolhas viram uma grande bolha, podendo até derramar todo o líquido para fora do recipiente. Assim funcionam as comunidades quando encontram um tema e explode uma crise nas redes.

A suposta morte de um cachorro por um segurança de um supermercado em São Paulo uniu milhares de pessoas e comunidades em uma mesma conversa: punir o responsável. Enquanto o inquérito não esclarecia de fato de quem seria o responsável, a marca do supermercado foi atacada por centenas de comunidades com suas ideologias. Só quando a empresa acenou para anunciar uma nova política em relação aos animais, com contrapartidas de apoio e patrocínio a entidades de proteção aos animais, é que a temperatura baixou, diminuíram-se centenas de bolhas de conversas, até restarem apenas os incansáveis *haters*.

Não basta apenas monitorar dados, encontrar um tom para a voz, mas também identificar as comunidades mais influentes e seus influenciadores para acalmá-los, como abelhas que se acalmam ao receber o comando da abelha-rainha.

Conclusão

Livros como *Dez argumentos para você deletar agora as suas redes sociais*, do escritor Jaron Lanier, não irão convencer as pessoas a deletar seus perfis. As redes sociais vieram para ficar e, na minha opinião, serão por muito e muito tempo ambientes hostis. Simplesmente porque são formadas por pessoas. Não é meu papel aqui fazer uma reflexão sobre o papel das redes sociais. Minha intenção é mostrar que as marcas (e políticos) terão de aprender a conviver nesse ambiente e a criar estruturas robustas para se proteger.

Rede social não é terra de bonzinho. Há mais mistérios entre o Facebook e o Google do que sua vã filosofia pode imaginar. Executivos terão de redobrar a atenção para o que publicam em seus perfis pessoais, inclusive no LinkedIn. Preparem-se para as crises. Serão constantes. Façam treinamento (Social Media Training), criem manuais de conduta nas redes, protejam-se. Tudo pode ser usado contra você. Alarmista? Trágico? Negativo. Estamos todos conectados. E o risco de isso dar m.... é muito grande.

#EleNão! Erundina, sim!

Camilo Borges de Carvalho[34]

O sábado, 29 de setembro de 2018, ficaria registrado nas páginas dos principais portais de notícias do país. Naturalmente, a imparcialidade e a objetividade jornalística não foram encontradas nas capas dos jornais da manhã seguinte. Restando exatamente uma semana para o primeiro turno das eleições de 2018, a opção dos grandes veículos não foi propor uma comunicação disruptiva. Uma "avalanche", promovida pelo então candidato da extrema-direita, o capitão da reserva Jair Messias Bolsonaro (PSL), arrastou-se pelo país; da tia do WhatsApp ao mercado financeiro, passando, evidentemente, pelos meios de comunicação. A essa altura, o segundo colocado nas pesquisas, Fernando Haddad (PT), amargava a derrota em todos os cenários de um eventual segundo turno – ainda incerto –, mas já apontava como o único candidato capaz de levar o capitão da reserva para a segunda etapa do escrutínio. O resultado, um mês depois, seria trágico – sobretudo para nós, do campo da esquerda: a vitória acachapante de Bolsonaro à Presidência da República.

Mas o que significou o sábado 29, sobretudo para quem acompanhou de perto os 45 dias de campanha da ex-prefeita de São Paulo Luiza Erundina à reeleição para deputada federal? O que proponho nestas linhas é, na verdade, a ressignificação daquele dia. Uma campanha difícil em muitos aspectos, mas que nos brindou com o gozo da reeleição no domingo, 7 de outubro.

---

34 **Camilo Borges de Carvalho** é jornalista pela Universidade Anhembi Morumbi. Participou de diversas campanhas políticas digitais e é assessor da deputada federal Luiza Erundina desde 2016.

Enfrentamos algumas dificuldades impostas pela disputa. No ambiente virtual, por exemplo, a construção da narrativa que Erundina já estava eleita, o chamado "já ganhou", foi cruel. Como a própria Erundina diria inúmeras vezes: "Pior que o 'já perdeu' é o 'já ganhou'". E completava com uma de suas histórias, trazidas do interior do Nordeste, onde um candidato dizia não haver recebido um único voto além do seu, nem mesmo do melhor amigo, que assim o contestava: "Mas você não me pediu". Muitos riam, mas alguns com sorriso amarelo.

Naquele sábado, em São Paulo, milhares de manifestantes se reuniram no Largo da Batata, na zona oeste, em um ato intitulado "Mulheres contra Bolsonaro". O evento, cujo chamamento e forma deu-se por meio das redes sociais, prometia (e cumpriu) reunir centenas de milhares de pessoas em todo o país, em um só grito: "Ele não!" A #EleNão, mote da campanha contra Bolsonaro, estampava cartazes, camisetas, *buttons* etc. A enorme atividade do sábado também contou com o apoio de partidos de esquerda, de centro-esquerda e de movimentos sociais. Artistas e ativistas apresentavam-se em um caminhão de som; barracas vendiam camisetas com a inscrição #EleNão; candidatos entregavam cédulas. Era a última grande oportunidade de "virar voto".

Para a campanha de Luiza Erundina, boa parte dos recursos financeiros foi empregada na campanha de rua, com equipes espalhadas pela cidade de São Paulo e região metropolitana. Embora Erundina tenha tido votos na quase totalidade dos municípios paulistas – graças ao alcance das redes sociais –, naturalmente o capital político da ex-prefeita de São Paulo está concentrado nas periferias, nos conjuntos habitacionais que ela construiu e em uma parcela considerável da elite intelectual paulistana.

Para a campanha digital, fizemos um site e focamos nas redes sociais. Logo no início, divulgamos uma peça publicitária (*post*) extremamente positiva, na qual Erundina explicava a razão de se candidatar novamente a deputada federal. Até aquele momento, a incerteza sobre sua candidatura levantou inúmeras especulações; a confirmação serviu de *start*. Com presença constante no Twitter, Instagram e Facebook, Luiza Erundina cativou, sobretudo, o público mais jovem. Mas os ataques que recebeu foram violentos.

Erundina dizia, ao longo de sua campanha, que, quando chegou a São Paulo, era discriminada por ser mulher e nordestina. E naquele momento estava enfrentando um novo tipo de resistência: idosa. Atrelado ao movimento de desqualificação da figura da mulher, de nordestina e idosa, enfrentou ainda o "já ganhou".

Ex-prefeita de São Paulo, respeitada por boa parte do mundo político e deputada federal por quatro mandatos consecutivos, Erundina enfrentaria nas redes sociais a construção dessa narrativa, cujas sequelas foram percebidas nas urnas. Embora tenha tido uma expressiva votação, a dispersão de votos por pouco redefiniria os rumos da campanha. As redes eram apenas o reflexo do que sentíamos no corpo a corpo: que a campanha se desenhava de modo mais difícil do que supúnhamos.

Sofremos ataque feroz da oposição. Bolsonaristas e sua vasta cadeia de apoiadores e robôs atuavam de modo a desqualificar, quase sempre por ser mulher, idosa e ex-membro do Partido dos Trabalhadores – o antipetismo também nos afetou durante a campanha. Era como se todo o campo da esquerda fosse responsável pelos erros cometidos pelos governos petistas de Lula e Dilma.

Ainda assim, Luiza Erundina foi bem-sucedida. Apesar dos ataques sofridos, conseguimos trabalhar de modo que a imagem dela fosse preservada; embora tenhamos ido ao contra-ataque, não fomos para o embate deliberado, o que significou uma campanha limpa e coerente com a história e a trajetória da candidata.

Atuar ao lado de Luiza Erundina permitiu-me sorver a aversão das pessoas à política e à esquerda com "certa folga". Erundina, uma mulher que não foge à luta (mote de sua campanha), possui respeito não apenas no campo da esquerda, mas também de todo o campo político. Uma mulher que representa a ética na política como poucos, e com um currículo invejável. Ela percorreu os 45 dias de campanha com vitalidade e tranquilidade – não porque sabia que seria reconduzida por mais quatro anos à Câmara dos Deputados, o que se confirmou na noite de 7 de outubro, mas por saber que, assim como em todas as demais lutas que travou em seus 84 anos de vida, a luta "só acaba quando termina".

* * *

Em 2011, recebi o convite para trabalhar com Luiza Erundina pela primeira vez; embarquei para Brasília, onde permaneci por quase um ano. Retornei a São Paulo, quando, em 2012, mais uma vez, fui atuar em campanhas políticas digitais para a prefeitura de uma cidade da Grande São Paulo. No final daquele ano, aceitei uma nova proposta e fui atuar como assessor de comunicação, na Assembleia Legislativa do Estado de São Paulo (Alesp), de um deputado de primeiro mandato. Uma experiência incrível, que possibilitou um enorme avanço profissional. Nas eleições de 2014, depois que o Brasil foi eliminado da Copa, a exemplo do que ocorreria em 2018, conseguimos elegê-lo.

Em 2016, recebi uma proposta irrecusável: retornar a Brasília e trabalhar com Luiza Erundina, deputada federal e membro da mesa diretora da Câmara dos Deputados. Que incrível! E ocupamos a mesa do Eduardo Cunha; e fizemos inúmeras obstruções; e tentamos derrubar a nefasta reforma trabalhista; e conseguimos impedir que a reforma da Previdência fosse aprovada; foram muitas as lutas travadas.

Até que chegamos a 2018. Instado a trabalhar na campanha para reeleição de Luiza Erundina, retornei a São Paulo e demos início ao trabalho. Para quem já vivenciou uma campanha política, sabe que ela se estrutura e acontece conforme os dias vão avançando; no entanto, em 2018, lutávamos contra um inimigo invisível: o tempo. Apenas 45 dias. Pensávamos: "Como será possível?" E o tempo foi passando. E as horas de sono foram diminuindo; e o cansaço foi batendo, e a enorme responsabilidade de ter em meus braços e em suas extensões: celulares, câmeras, tripés, lentes e demais itens, a campanha da melhor prefeita que São Paulo já teve para deputada federal.

Mas eu já havia trabalhado em campanha eleitoral. Sabia quanto era extenuante. Quatro anos antes vivi uma experiência semelhante – fomos vitoriosos, inclusive. Eu sabia como lidar, sabia o que fazer. Mas, em alguns momentos, os mais difíceis, eu nada sabia. Era como se um buraco se abrisse diante dos meus pés, querendo me engolir. Até que chegou o sábado, 29 de setembro de 2018. E houve toda uma ressignificação daquela campanha. Desde o início eu não sabia o que estava diante dos meus olhos. O que estava diante de mim era Luiza Erundina de Sousa.

Luiza Erundina chegou ao Largo da Batata por volta das 15h. Saltamos do seu carro, que certamente é mais antigo do que os de muitos leitores deste texto – muita gente se surpreende por Luiza Erundina não ter enriquecido com a política e mantido hábitos muito simples. Recordo, por exemplo, em um comício do Guilherme Boulos e Sônia Guajajara, no mesmo largo da ressignificação, que, ao chegar, ela pediu um gole de cerveja. Fazia sol e calor, ao contrário do que a meteorologia prenunciou. Houve quem pensasse ser um gesto populista, mas aquilo vinha de Erundina. E ela só tinha sede[35].

Por volta das 18h, a grande multidão começou a caminhar lentamente em direção à Avenida Paulista. Para quem estava por ali, evidentemente a lentidão não era causada apenas pelo enorme volume de gente, mas pela dispersão natural, óbvia e não condenável. A manifestação chegou à Paulista por volta das 20h, e os organizadores estimam que o ato "Mulheres contra Bolsonaro", só na capital, tenha reunido 500 mil pessoas. Para a imprensa, o número foi consideravelmente menor. No mesmo dia, em todo o país, milhares de "Mulheres contra Bolsonaro" tomaram praças e avenidas. No Rio de Janeiro, a Cinelândia foi palco de um ato igualmente forte e bonito. Mas bonito mesmo foi ver uma mulher de 83 anos percorrer por cinco horas ininterruptas o Largo da Batata, apinhado de gente, com um miniestandarte em riste, onde se lia "#EleNão".

O último sábado de setembro marcaria, ainda, o último final de semana "cheio" para a realização de campanha política. A última semana, como se viu, foi tomada por batalhas dificílimas. Nós, do campo da esquerda, tínhamos a incrível figura de Guilherme Boulos, do PSOL, e líder do Movimento dos Trabalhadores Sem Teto (MTST), à sombra do voto útil. Para outros, ainda do campo progressista, Ciro e Haddad eram as alternativas "viáveis" para lutar contra a avalanche bolsonarista.

A semana que antecedeu o ato "Mulheres contra Bolsonaro" foi chuvosa. A expectativa era de que, com chuva ou sem chuva, o ato seria impactante. E foi. Iluminado do começo ao fim, aquele dia começou com nuvens pesadas, mas os bons ventos sopraram para longe o que a meteorologia chama de "nuvens de instabilidade". E, se me permitem o trocadilho, instabilidade foi a tônica das eleições de 2018.

Até chegarmos ao dia 29 de setembro de 2018, os radares meteorológicos mostravam um clima hostil. Engraçado lembrar que, no domingo após o ato, apoiadores do capitão da reserva reuniram-se na Avenida Paulista. Embora o dia tenha começado ensolarado, foram as nossas almas "as lavadas" com a tempestade que os engoliu.

---

35 Há inúmeros registros em foto e em vídeo. Dia B – Comício do Boulos no Largo da Batata, em São Paulo, no dia 19 de agosto de 2018.

Percorremos poucos metros, até que fomos abordados por mulheres participantes do ato. Próximo à igreja, um grupo de jovens feministas que gritava palavras de ordem contra Bolsonaro e fazia um cartaz com tinta spray alegrou-se com a chegada de Erundina. Chegavam pessoas por todos os lados; nosso cálculo, em grandes eventos como aquele, precisava beirar a exatidão. O motorista nos pegaria no mesmo local em que desembarcamos. As equipes de panfletagem, que já estavam posicionadas, tentavam entrar em contato conosco, mas, por causa do caminhão de som, era praticamente impossível qualquer contato via telefone, ou mesmo WhatsApp – a conexão, ou a falta dela, ditava o ritmo do trabalho.

Conforme avançávamos para o centro do Largo, a multidão ia crescendo. Os inúmeros pedidos de fotos com Erundina, de praxe em todo tipo de atividade de campanha, eram (e sempre foram) muito bem aceitos por ela. Erundina ama o povo. Erundina entende a reação das pessoas porque veio do povo. Até que alguém, a certa altura, lhe entregou um "pirulito" com a inscrição #EleNão, em recortes de papel, que se tornaria uma espécie de amuleto – seria utilizado em outras oportunidades "para dar sorte", ela dizia. Medindo não mais que um palmo da mão, colado em um palitinho, aquele miniestandarte era girado em seus dedos. Ela o mantinha em riste e gritava "Ele não!" a todo instante. Aquele seria um dia diferente, mas eu não sabia.

Fomos nos aproximando do caminhão de som. Sob o sol forte e calor intenso, tirávamos inúmeras fotos; foram muitas. Milhares. Guardei minha câmera e pus-me a utilizar o celular. A euforia por estar diante de um ato tão gigantesco, acompanhado de Luiza Erundina, transforma-se em preocupação. Ela se mostrou, ao final daquele dia, ser muito mais forte do que talvez eu e você, leitor, juntos. Talvez, se somarmos as nossas idades, não dê a idade de Erundina, tampouco a força e a coragem dessa mulher. Mas ainda assim ela exige atenção dobrada, e esse é o nosso papel.

Fomos adentrando em meio às pessoas e o que se viu, a partir de um dado momento, foi uma epifania. Enquanto ela caminhava, a multidão, alvoroçada, a abraçava, a beijava. Queriam tocá-la. Estavam excitadas com o fato de que Luiza Erundina estava ali, ao alcance de seus dedos e celulares. Quando foi possível passar à frente dela, para registrar aquele momento em um melhor ângulo, pude, enfim, ter a certeza de que não seria um dia comum. Poucos metros dali, não menos genial, seria o encontro de dois gigantes da política brasileira. No meio daquele ato, Luiza Erundina topou de frente com Eduardo Suplicy[36]. Foi incrível! Dois ícones diante dos olhos e celulares de centenas de pessoas, que gritavam e aplaudiam. Dois seres fantásticos! Dois titãs da esquerda brasileira. Ambos, inclusive, sofreram muitos ataques por culpa da idade, de todos os lados, e puderam provar que "os sonhos não envelhecem"[37]. Erundina seguiu o seu rumo, Suplicy, o dele. Não deu para publicar nada naquela hora.

Já estávamos à beira de completar três horas de caminhada quando nos vimos no centro do ato. Gigantesco. Sem precedentes na história recente da política brasileira. Embora não seja possível afirmar, a soma de todos os atos, nas capitais e nas pequenas cidades, aproxima-se facilmente da casa de 1 milhão de manifestantes, sobretudo se somados aos esforços de brasileiros, em toda a Europa e América Latina. Além disso, o protagonismo assumido pelas mulheres foi fundamental. Até aquele momento, nenhum ato contra Bolsonaro atingira tanto alcance. Em todos os atos, uma parcela significativa da sociedade brasileira esteve representada pelo povo trabalhador, pela juventude, por negros, pela comunidade LGTBQI+, todos em defesa da democracia e na luta contra a homofobia, o racismo e a violência representados pela candidatura neofascista de Bolsonaro. Víamos a primavera feminina florescer.

Erundina estava incansável. Ganhava água dos manifestantes. Tirava fotos e era muito aplaudida. Em seu rosto, marcas de batom. Quando ela caminhava, abriam-se clareiras, e ela ia avançando, recebendo uma enxurrada de palmas e aplausos – muitos aplausos. Quando, finalmente, chegamos a um ponto onde não podíamos mais avançar, recuamos. E me coube tomar a mão da Erundina e "sair em disparada", a fim de que retornássemos ao ponto de encontro com o motorista, e ali a segunda epifania do dia. Em uma das mãos ela erguia o pirulitinho, em outra,

---

36 Foram três encontros sem que houvesse agendamento prévio. No ato de sábado, 29 de setembro, e em outras duas oportunidades: ato contra Bolsonaro, na Avenida Paulista, e na caminhada pela Paz, em Heliópolis, já no final do segundo turno das eleições – também registrados em foto e vídeo e publicados nas redes sociais.
37 Frase dita e utilizada por Luiza Erundina ao longo da campanha. Foi também mote da campanha para a prefeitura de São Paulo em 2016.

segurava minha mão; eu conduzia Luiza Erundina, e ela me conduzia. Eu via tudo em câmera lenta; dezenas de pessoas aplaudindo aquela mulher, gritando o seu nome, e ela, firme, forte. E isso tudo não durou mais que um par de metros, e novamente as pessoas a cercaram para fotos, beijos e abraços. O arrepio refrescava a pele. As lágrimas hidrataram os olhos. Eu não sabia. Eu estava diante de Luiza Erundina.

Nós nos afastamos do grande movimento, e ainda assim as pessoas não deixaram de se aproximar e "tietar" a deputada. Já passava das 20h quando nossa carona chegou. No dia seguinte, cedo, Erundina marchava para nova agenda. A campanha entrava na última semana. E a campanha passou a ter um novo significado para mim. Naquele sábado, 29, eu redescobri a deputada federal Luiza Erundina de Sousa. Quantos políticos você conhece, em um momento tão catastrófico para a classe política, que sejam capazes de ser tão reverenciados e admirados? Que não estejam envolvidos em qualquer escândalo ou processo judicial? Que não façam parte de um partido envolvido em escândalos ou citado na Lava Jato? Eu conheço.

Uma festa estranha, com gente esquisita

Marcel Fukayama[38]

Desde cedo, aprendi a importância da internet e de políticas públicas. Aos 17 anos, no início da década de 2000, empreendi uma das primeiras *lan houses* em São Paulo com o objetivo de democratizar o acesso à rede mundial, um novo mundo de conhecimento e informação. Naquela época, o acesso ainda era limitado e começaram a surgir legislações restritivas às *lan houses* por todo o país, o que conflitava com minha visão de que esse seria o principal canal para inclusão digital no Brasil. Fundei associações de classe para organizar o setor e influenciar políticas públicas. Iniciando pela cidade de São Paulo, a capital tornou-se a primeira cidade a regular a atividade, em janeiro de 2004.

Em seguida, enfrentamos a dura legislação estadual do Rio de Janeiro, que permitia *lan houses* apenas em um raio de 1 quilômetro distante de qualquer centro de ensino. Caso a lei fosse rigorosamente aplicada, esses estabelecimentos só seriam permitidos legalmente no vão central da ponte Rio-Niterói ou no meio da Floresta da Tijuca. Conseguimos revogar essa lei. No fim de 2007, de acordo com o Comitê Gestor da Internet (CGI), as 100 mil *lan houses* em todo o país representavam metade do acesso à internet. Vivenciei, na prática, como políticas públicas podem ampliar o impacto positivo e a escala de uma iniciativa que emergiu do próprio mercado.

---

38 **Marcel Fukayama** é empreendedor social, cofundador do Sistema B Brasil e da Din4mo. Mestre em Administração Pública pela LSE. Empreendedor cívico pela RAPS.

Depois de militar por mais de uma década no campo da inclusão digital, passei a atuar no campo de uma nova economia, mais inclusiva e sustentável. Senti a necessidade de aprofundar-me e me aperfeiçoar academicamente, tornando-me mestre em Administração Pública pela Escola de Economia e Ciências Políticas de Londres (LSE), em 2017. Antes, havia cofundado duas organizações, em 2013. A primeira é a empresa Din4mo, que atua fortalecendo empreendedores que resolvem problemas sociais por meio de projetos de bem-estar (Objetivo de Desenvolvimento Sustentável – ODS#3), redução de desigualdades (ODS#10) e soluções urbanas (ODS#11). Ofertamos gestão, governança, acesso a mercado e acesso a capital a esses empreendimentos de impacto.

A segunda organização é sem fins lucrativos. O Sistema B Brasil é parte de um movimento global que tem o objetivo de redefinir o que é sucesso na economia, para que seja considerado não apenas o êxito financeiro, como também o bem-estar da sociedade e do planeta. Um dos nossos papéis é identificar, certificar e celebrar líderes empresariais comprometidos com essa nova economia. A essas empresas, que passam por um rigoroso processo de avaliação, chamamos de Empresas B certificadas – hoje são mais de 2,7 mil em 70 países, sendo 135 no Brasil.

Também apoiamos empresas não certificadas a medirem o seu impacto social e ambiental com o mesmo rigor com que medem seus lucros. Atualmente, são mais de 80 mil empresas no mundo usando nossas ferramentas para medir e reportar seu triplo impacto. Por fim, atuamos para mudar a regra do jogo. Não cremos que a mudança voluntária acontecerá no tempo que a sociedade e o planeta têm, por isso temos trabalhado em mais de 15 países, incluindo o Brasil, em legislações que criam um tipo de empresa com o propósito claro e definido de gerar impacto positivo, com responsabilidade ampliada e compromisso com a transparência. A incidência em políticas públicas, nesse caso, é fundamental para institucionalizar uma nova forma de fazer negócios e causar impacto positivo, dando segurança jurídica a empresários, investidores, colaboradores e gestores públicos.

Foi nessa jornada que meu caminho cruzou com a campanha presidencial de 2018. No início do ano, tivemos um encontro com empresários e com Marina Silva para debater sobre o que temos feito em direção a uma nova economia. Era evidente a convergência de agendas e a oportunidade de contribuir com elementos para o programa dos presidenciáveis. Ficamos conectados desde então e nos reencontramos durante a conferência Brazil Forum UK 2018, em maio, em Londres e Oxford, e na qual fomos palestrantes. Naquela noite, tivemos a primeira conversa que culminou, em julho, com a oficialização da minha colaboração na campanha presidencial de Marina Silva e Eduardo Jorge.

Após uma profunda reflexão, senti um chamado. Licenciei-me do Sistema B e me juntei voluntariamente ao time da coordenação geral, que teve a colideranca de Lourenço Bustani e Andrea Gouvêa Vieira. Entre pré-campanha e campanha, foram 90 dias de uma experiência transformadora. Parte de meu papel foi a preparação para debates, sabatinas e entrevistas, além de fazer a interface dos candidatos com o programa de governo e a preparação de mensagens, sempre combinando propósito com propostas concretas.

Os desafios que tivemos passavam por: 1) construir uma imagem real e crível da candidata; 2) desenvolver uma estratégia capaz de sustentar a candidata em uma conjuntura política e social adversa; e 3) otimizar os meios de comunicação digital para "furar a bolha", o que significava alcançar novos eleitores além dos simpatizantes habituais.

As eleições presidenciais de 2014 geraram um passivo na imagem de Marina Silva. A desconstrução violenta feita pela campanha do PT às vésperas das eleições foi bem-sucedida e criou uma imagem de líder fraca, frágil, homofóbica e oportunista. A campanha de 2014 criou inverdades – o que hoje chamamos de *fake news* – que enraizaram no inconsciente do eleitorado.

Posso afirmar, contudo, e sem qualquer impedimento, que a Marina que conheço e que procuramos mostrar para os eleitores é uma mulher de muita fibra, guerreira, sobrevivente, e que, com seus 60 anos – sendo 34 deles de vida pública –, mantinha-se consciente, íntegra, limpa e justa. Não há qualquer mancha ou parte degradante em sua biografia.

Na prática, a narrativa que construímos em torno da imagem verdadeira e positiva funcionou bem em diversos aspectos. Com a colaboração de uma rede distribuída de cineastas, elaboramos filmes que transmitiram os atributos da verdadeira Marina. A dez dias do primeiro turno, realizamos grupos focais com mais de 100 mulheres pelo Brasil. Estas, que no início confirmaram a rejeição e preconceito diante do nome de Marina, converteram seus votos ou se abriram a uma nova reflexão. Nossa conclusão naquele momento foi de que as mensagens estavam certas, porém não estávamos furando a bolha. A sensação era de que havia "uma festa estranha, com gente esquisita" e estávamos de fora. Ninguém parecia nos ouvir.

A conjuntura dessa campanha foi mais difícil e diferente dos outros anos em que Marina foi candidata à Presidência (2010 e 2014). A começar, os candidatos em disputa não estiveram sob todos os procedimentos eleitorais habituais. Tivemos um impasse inicial sobre o candidato do PT, o que posicionou Marina, em especial durante a pré-campanha, entre a liderança e o segundo lugar das intenções de votos. Curiosamente, uma vez definidos os candidatos, os líderes da corrida em disputa, Jair Bolsonaro e Fernando Haddad, não tiveram sequer um debate de propostas. Por fim, o incidente (facada) com o então candidato Jair Bolsonaro no início de setembro foi um ponto de inflexão. Além desses pontos, a sociedade estava polarizada e as candidaturas de centro, fragmentadas.

Na liderança da corrida, cada lado transformou-se no cabo eleitoral do outro, oferecendo ao eleitorado propostas antagônicas. Tratava-se de uma eleição plebiscitária em que o eleitor era levado a ter um lado ou outro dos extremos, por meio do posicionamento "anti", estabelecendo o voto contra, como em uma campanha pelo voto útil. Não tivemos, portanto, uma eleição propositiva ou construtiva.

Do nosso lado, tínhamos por convicção não criar propostas mirabolantes ou populistas para resolver os problemas do Brasil. Iríamos perseverar sem a criação de factoides para conquistar votos. Porém, por um lado, reconstruíamos a imagem de Marina a favor das liberdades individuais, dentro da defesa da razoabilidade de condutas e direitos, e, por outro, ela era desconstruída pelos núcleos mais reacionários. Na batalha dos extremos, Marina, candidata moderada e de centro, ficou comprimida.

De um modo geral, com exceção dos candidatos do Novo e PSL, os presidenciáveis utilizaram mal a internet. O uso de tecnologia nas campanhas presidenciais foi rudimentar e básico, entretanto vimos que aqueles que utilizaram redes distribuídas foram muito bem-sucedidos. Pela primeira vez, tivemos uma eleição na qual o poder do rádio e da TV e o fundo partidário tiveram pouca efetividade. A principal rede de distribuição nas eleições 2018 foi o WhatsApp. Nós, particularmente, tivemos dificuldade para implantar a inteligência e as técnicas para divulgar as mensagens em redes como o Facebook e o WhatsApp.

Ainda que tenhamos sido competentes na valorização da origem, trajetória e biografia de Marina, tivemos a dificuldade de viralizar a oportunidade de mostrar que Marina era a única capaz de dialogar, mediar e pacificar o país. Nossa posição, contudo, foi importante e compartilhada por diversos artistas e intelectuais que colaboraram com a mobilização e engajamento de eleitores – em busca de um país mais justo, digno, e onde todos prosperam.

Prevaleceu nesta eleição o uso de ferramentas de comunicação distribuída, que facilitaram a circulação, em escala, de informações abaixo do radar e com difícil rastreabilidade. Assim foram construídas as redes horizontalizadas de engajamento por todo o país, distribuindo milhares de informações e imagens em milhares de grupos. A propagação de informações inverídicas ficou muito fácil, rápida e descontrolada. Todos os candidatos sofreram com as *fake news*.

Tivemos, ao longo dos últimos anos, uma desconstrução estrutural e sistêmica da imagem da política. Jair Bolsonaro foi eleito contrariando todas as premissas e hipóteses de campanha vencedora: não tinha tempo de TV, não tinha estrutura partidária, recursos financeiros de fundo partidário e, ainda assim, venceu. O momento político favoreceu o candidato do PSL, que foi bem-sucedido em construir um movimento com um propósito claro e definido.

Acompanhar, criar regras e monitorar as atividades políticas durante as campanhas eram os principais desafios das eleições. É preciso reconhecer que houve imaturidade e incompetência das campanhas e dos órgãos da administração pública, incluindo a Justiça Eleitoral, no controle dos procedimentos da comunicação política durante o processo eleitoral. Todos nós sabíamos, previamente, que seriam as eleições do WhatsApp, porém pouco foi feito para regular os procedimentos de controle. É preciso qualificar este debate e aprofundar alternativas para as campanhas seguintes.

Uma das questões mais recorrentes que recebo é por que Marina começa a corrida eleitoral com boas perspectivas e perde fôlego ao longo da campanha. É difícil afirmar por que isso ocorreu durante as três disputas presidenciais das quais ela participou, uma vez que cada eleição é uma história distinta. Em 2010, ela já era apontada como uma terceira via para o país, tendo conquistado 19,6 milhões de votos; em 2014, após assumir a chapa com a morte de Eduardo Campos, chegou a empatar com Dilma, mas, nas últimas duas semanas, caiu nas pesquisas. De todo modo, apesar das dificuldades, ela recebeu 22,1 milhões de votos.

Em 2018, com o centro já fragmentado e a sociedade polarizada antes mesmo das eleições, era difícil prever como os candidatos mais moderados disputariam. Nesse ano, portanto, as demandas eram outras e temas objetivos foram pouco tratados. Havia uma dificuldade de fazer com que os eleitores e os candidatos debatessem pautas construtivas. Apesar de toda expertise, experiência e trajetória da candidata – que já havia sido vereadora, deputada, senadora e ministra –, o momento era pouco favorável para a discussão de propostas. Havia no ar um descrédito do sistema político como um todo e dos políticos experientes.

A chapa Marina Silva e Eduardo Jorge teve pouco mais de 1 milhão de votos em 2018. O perfil do eleitor era majoritariamente fiel e muito preocupado com o seu próprio impacto no planeta e na sociedade: homens e mulheres de classe média e média alta, mobilizados pelo benefício coletivo e público e pela agenda da sustentabilidade social e ambiental. A maior parte da sociedade, no entanto, estava preocupada com a crise econômica, a perda da renda, segurança pública e a crise institucional catalisada e acelerada por sucessivos escândalos de corrupção. Apesar de termos apresentado alternativas para as crises e proposto caminhos para o crescimento econômico de maneira sustentável, a deslegitimação das lideranças experientes foi preponderante para uma sociedade traumatizada.

Em 2018, a Rede Sustentabilidade elegeu cinco senadores e uma deputada federal e, com isso, não cumpriu a cláusula de barreira – assim, deixará de receber recursos do fundo partidário. Isso significa que o partido pode se dissolver ou se tornar um partido virtual. Seja como for, acredito que o partido deve se manter como um movimento e uma oposição propositiva e construtiva alternativa ao PT, na tentativa de sempre buscar consensos em outros partidos de centro. Parte do DNA da Rede Sustentabilidade vem do legado de Marina Silva, como a busca por consensos progressivos, a formação de novas lideranças políticas e processos participativos para tomadas de decisão.

Como próximos passos, refletindo coletivamente, precisamos avaliar como conciliar o desenvolvimento e crescimento econômico de maneira alinhada às agendas globais e compromissos firmados, como o Acordo de Paris e os 17 Objetivos de Desenvolvimento Sustentável de 2030. Talvez, pensando nas próximas gerações, sejam os principais acordos já firmados por nossa espécie. No entanto, temos tido evidências no Brasil e no mundo que essas agendas estão cada vez mais negligenciadas em nome de projetos nacionalistas conservadores e que até mesmo colocam o sistema político-democrático como conhecemos em risco.

É fundamental que preservemos a institucionalidade das agendas sociais e ambientais. No âmbito da sociedade, devem emergir cada vez mais soluções de mercado e não governamentais voltadas a uma nova economia para biodiversidade, o que fará com que as empresas aumentem seu protagonismo para a defesa e regeneração do meio ambiente e criem novos modelos de negócios mais inclusivos. Os governos deverão viabilizar, igualmente, novos instrumentos para financiamento e investimento, ampliando o fluxo de capital para economia mais inclusiva e sustentável.

Um mandato para muitos

Marina Helou[39]

Você sabe quantos deputados estaduais existem no seu estado? E você sabe falar o nome de cinco? De três? De um? E o que faz um deputado estadual? Um vereador? A diferença entre a Câmara Federal e o Senado? E como funciona o voto proporcional? O que é quociente eleitoral? Ou ainda, você sabe o que cobrar do prefeito, do governador ou do presidente? Saúde, educação, segurança pública, transporte, de quem é a responsabilidade? Eu sempre começava as minhas falas dessa forma. E a resposta era sempre a mesma, com raríssimas exceções: "não sabemos".

"Não sabemos" porque não aprendemos em lugar nenhum, na escola, na faculdade, nos espaços de formação profissional e, pior ainda, não falamos sobre isso. Entre amigos, família, trabalho. Hoje não falamos sobre política e muito menos sobre como ela funciona. "Não sabemos" porque não há o interesse de que as pessoas entendam sobre política. Entendam como funciona. Não há interesse dos políticos, dos partidos e do sistema para a participação da sociedade.

Ao mesmo tempo, todos concordamos que a política não está boa. Que um ciclo chegou ao final e que a política e os políticos não nos representam mais. Mas se nem entendemos como funciona, como iremos mudar? Como vamos pegar a política de volta e participar dela? Essa foi a grande inquietação que me levou a iniciar minha atuação nas redes sociais. Para participarmos da política, precisamos entender como ela

---
39 **Marina Helou** é deputada estadual em São Paulo eleita pela Rede.

funciona e nos aproximar dela. Comecei então um programa chamado "Descomplicando a Política".

Esse sistema político velho, a serviço dele mesmo e fechado para novas pessoas, foi o que me inquietou a querer fazer diferente e foi a base inicial da minha candidatura a vereança em São Paulo em 2016, e que continuou me orientando no campo do ativismo. Entendi que para um novo ciclo virtuoso da democracia são necessários novos políticos e uma nova forma de fazer política. Precisamos de novas lideranças e melhorar as regras do sistema. Fui participar dos movimentos de renovação política: Bancada Ativista, Nova Democracia, Acredito, Raps, RenovaBr. Criei o "Vote Nelas". E, em 2018, fui candidata a deputada estadual.

Era uma decisão ousada e corajosa. Uma campanha em um partido pequeno, sem dinheiro nem tempo de televisão, sem família ou padrinho político; sem ser radical em nenhum campo e sem uma base territorial consolidada. Não foram poucas as vezes que escutei que era louca ou ingênua. Que não daria certo. Mas tinha uma certeza: dá para fazer diferente. Tinha o sonho e um grupo engajado que sabia que a única possibilidade de sucesso seria ter um plano excelente.

Nosso plano de campanha foi baseado em três pilares: Rua, Redes e Rodas. E o sucesso do plano seria bem integrar todos eles.

Rua

Ainda que minha militância tenha começado na internet, eu sabia que a vida de uma campanha é nas ruas. Comecei a sair para conversar com as pessoas e escutar o que elas gostariam para a política de 2018 e entender como eu poderia estar mais próxima. Nesse momento, capturamos informações importantes para o nosso plano, como, por exemplo, a alta rejeição à política e aos políticos. Percebemos que a abordagem deveria ser o novo e a mudança que eu representava.

Somamos as informações da minha candidatura em 2016, como perfil e região de votos e a geolocalização de espaços de densidade demográfica e alto fluxo, de modo a consolidar nossa estratégia de rua para a campanha. Contratei equipes de panfletagem e treinei pessoalmente todas as equipes. Imprimi papel e santinhos, mas o combinado com as equipes não era a distribuição de papel, e sim a conquista de votos, apresentando-me como candidata e dando destaque para as minhas propostas. Esta sutileza de orientação mudou muito a relação de rua.

Além disso, montei grupos de WhatsApp com os panfleteiros, que, em qualquer momento de dúvida das pessoas, tinham a possibilidade de me enviar perguntas, que eu respondia com áudios, trazendo proximidade imediata. Também utilizamos técnicas de "gamificação" com as equipes, estabelecendo metas e bônus para votos e interação entre os times.

Estratégia de rua ainda é muito importante nas eleições e ainda é onde se gasta mais dinheiro na campanha. Por isso é importante planejar com antecedência e ter uma boa equipe de organização para essa parte, assim como o uso de tecnologia a serviço de potencializar o esforço e trazer mais proximidade.

Rodas

Foi o coração da minha campanha. Foram as agendas nas quais eu me encontrava com as pessoas e conversava sobre propostas, respondendo a perguntas e melhorando minha narrativa. Esses encontros eram rodas de conversa nas casas das pessoas, eventos em universidades, empresas etc. Cada uma dessas agendas representou a possibilidade de os participantes se engajarem e virarem mobilizadores. No contato pessoal que a proximidade acontece, as dúvidas são tiradas e é criada a confiança. Nessa frente de estratégia, o importante é ter ferramentas de conexão com essas pessoas, buscando estreitar ainda mais o vínculo. Para isso, após cada um desses encontros eu entrava em contato, compartilhando conteúdo, formas de engajamento e garantindo novos mobilizadores da campanha.

Uma boa organização da agenda de Rodas garantiu muitos eventos, em diferentes locais, com diferentes públicos e formatos, possibilitando esticar as redes e criar conexões fortes. Desse modo, impactamos novos mobilizadores e atingimos pessoas diferentes, principalmente aquelas que não estavam no meu círculo imediato de contato.

Redes

Foi a principal estratégia de capilaridade da campanha e de proximidade com os eleitores. Mas foi também o compilado de conteúdos que trouxe robustez para todo o projeto.

É a geração de conteúdo nas redes que possibilita a conexão de outras pessoas, mas também permite a confirmação de interesse entre eleitores que se conectaram pelos outros pilares da estratégia. As pessoas das ruas e das rodas me procuram na internet na sequência, e o conteúdo apresentado permite que elas se tornem mobilizadores, ampliando nossa capacidade de alcance e legitimidade.

Minha estratégia foi baseada em conteúdo. Além do tema de descomplicar a política – que já era um dos meus pilares desde a campanha de 2016 –, as minhas pautas prioritárias para essa campanha eram desenvolvidas por meio de vídeos, cards, infográficos e *posts* com opiniões escritas. Todos esses conteúdos eram produzidos em uma linguagem de redes sociais, buscando transmitir as mensagens em um curto espaço de tempo e facilitando a difusão do material. Caso alguém se interessasse em acessar algum conteúdo da campanha com mais profundidade, havia um material mais denso no site.

Além disso, havia um número de WhatsApp para a campanha que foi amplamente divulgado, e eu respondia a todas as mensagens, buscando a maior proximidade possível com os mobilizadores e potenciais eleitores.

Eu tinha um grupo grande de pessoas próximas, que era meu grupo de mobilização principal, pelo qual eu distribuía conteúdo e pedia votos. Intensificamos esse formato de comunicação e mobilização nos últimos 15 dias da campanha, quando essa interação passou a ser diária. Além disso, havia também uma lista de transmissão pela qual eu também enviava material, possibilitando que os apoiadores compartilhassem os conteúdos e impactassem mais pessoas.

O que faz a diferença para o sucesso de uma campanha digital, a meu ver, é ter um bom planejamento, inovar nas práticas e nunca faltar com a verdade. Com um propósito claro, uma intenção verdadeira e uma comunicação transparente, a conexão com os eleitores acontece.

A vitória

A campanha digital foi fundamental para o sucesso da minha eleição. Mas ainda não posso dizer que foi o pilar decisivo ou que minha campanha foi majoritariamente digital. Acredito que vivemos um período de transição e que posso creditar os resultados que tive nas duas eleições de que participei a um bom planejamento, com inovação e integração entre todos os pilares.

Foi muito positivo garantir uma estratégia análoga ao *omnichannel*, permitindo que em cada possibilidade de interação com a campanha o eleitor pudesse se deparar com os mesmos conteúdos apresentados de diversas formas. Essa consistência e variedade de formas trouxe ao eleitor a segurança de ser uma campanha sólida, embasada e com potencial. Em uma lógica eleitoral em que o dinheiro, a família política e os mesmos de sempre reinam, demonstrar organização, solidez e consistência é fundamental para passar a impressão de que, sim, é possível ganhar.

O eleitor que me via em um debate e ao sair entrava nas minhas redes sociais, encontrava com facilidade as mídias nas quais eu apresentava as mesmas ideias. E tinha facilmente a possibilidade de se engajar na campanha compartilhando ele mesmo o que mais lhe interessava, tornando-se também um protagonista no processo eleitoral. Este também é um grande aprendizado na minha visão: as pessoas querem participar e atuar nas campanhas e o meio digital pode ser um diferencial importante para possibilitar esse protagonismo.

Ficou muito claro na história da Paula. Ela é recém-formada em Jornalismo e trabalha em uma multinacional. Eu não a conhecia e nem tínhamos amigos em comum. Paula me viu em um debate no início da campanha e gostou bastante, mas, tímida, não foi falar comigo. Começou a me seguir nas redes e a compartilhar meu conteúdo. Passou a comentar nos meus *posts*. Em um dado momento, ela fez uma pergunta e eu respondi com um e-mail mais longo, reforçando a importância da participação dela no final. Ela se sentiu tão próxima e atendida que a partir daquele momento tornou-se uma grande mobilizadora da campanha, não só compartilhando meu material em suas diversas redes, mas também me ajudando a desenvolver novos conteúdos, dando feedbacks importantes, organizando encontro na casa dela e doando para a campanha. No dia seguinte à apuração, a Paula me ligou chorando, muito emocionada porque tínhamos conseguido. Eu me emocionei também. Porque ela tem razão. Só consegui porque várias pessoas, como a Paula, acreditaram em mim e se engajaram na campanha.

A digitalização da campanha permite esse tipo de engajamento. Muito mais do que aumentar meu número de seguidores em alguma rede social, traz a possibilidade concreta de participação e protagonismo para muitas pessoas construírem a campanha junto comigo. Outra tangibilização dessa lógica foi o resultado. Eu estive em apenas quatro cidades durante a campanha e tive votos em 414 municípios, o que corresponde a 64% dos municípios do estado. O alcance da internet, aliado a mobilizadores reais, garantiu tal resultado.

Concluídas as eleições, o mais legal do pilar digital é que ele se mantém. Conforme o nosso objetivo, consegui furar o bloqueio do sistema político e me eleger deputada estadual. Ainda vai demorar um tempo, mas essas eleições foram o início de um novo ciclo positivo na política, com mais representatividade e conexão com os eleitores. Conseguimos renovar os corpos que ocupam os espaços de poder. Agora meu desafio é renovar também a forma de fazer política. Só novos políticos não bastam. E, para esse desafio, a estratégia digital pode ser um grande diferencial.

Comecei a construir meu mandato por meio de *workshops* de co-construção ainda antes de tomar posse. Fiz um convite público em minhas redes sociais e divulguei um *link* de inscrição para uma reunião de co-construção do mandato. Sem muito alarde, tivemos rapidamente mais de 200 inscritos! Como meu objetivo era aproximar as pessoas dos espaços de poder, decidi realizar as reuniões na própria Alesp (Assembleia Legislativa do Estado de São Paulo) – e, pela limitação do espaço, selecionamos os 60 primeiros. Havia uma pergunta inicial sobre como, ao final de quatro anos, o mandato deveria ser lembrado.

O encontro foi um sucesso e as redes nos ajudaram a divulgar para que as pessoas que não puderam estar presentes soubessem o que aconteceu. Montamos então uma agenda de encontros e seguimos com lotação máxima, de pessoas que querem estar mais próximas e participar da política. Os temas passaram por formas de participação no mandato, mecanismos de transparência e comunicação, além de pautas como Primeira Infância, Sustentabilidade e Direitos Humanos.

Planejamos muitas outras inovações além das reuniões de co-construção: gabinete itinerante, embaixadores do mandato, educação política, um dia como deputado, entre outros programas para que as pessoas estejam cada vez mais próximas dos espaços de poder.

Sigo pensando em formas de conectar o on-line e o presencial, desenvolvendo conteúdos que possam chegar a mais pessoas que se sintam protagonistas da política. Se temos uma responsabilidade como renovação, precisamos criar novas formas de fazer política, usando tecnologias digitais e sociais, inovando e testando. Inspirando novas pessoas, descomplicando a política. Mostrando que é possível e que o novo ciclo da democracia começa agora, com a participação de todos.

REFERÊNCIAS

ABRANCHES, Sérgio. A Era do Imprevisto: a grande transição do século XXI. São Paulo: Companhia das Letras, 2017.

BRASIL. Lei no 12.965, de 23 de abril de 2014. Estabelece princípios, garantias, direitos e deveres para o uso da Internet no Brasil. Diário Oficial, Brasília, DF. Disponível em: <http://www.planalto.gov.br/ccivil_03/_ato2011-2014/2014/lei/l12965.htm>. Acesso em: 8 nov. 2019.

BRASIL. Lei no 13.709, de 14 de agosto de 2018. Lei Geral de Proteção de Dados Pessoais (LGPD). Diário Oficial, Brasília, DF.

CÍCERO, Antonio. Contra Doria, um terço dos dirigentes do PSDB deixam cargos na executiva paulistana do partido. Jornal Folha de S.Paulo, 24 set. 2016. Disponível em: <https://www1.folha.uol.com.br/poder/eleicoes-2016/2016/09/1816465-contra-doria-um-terco-dos-dirigentes-do-psdb-deixam-cargos-na-executiva-paulistana-do-partido.shtml>. Acesso em: 11 nov. 2019.

DEBORD, Guy. A sociedade do espetáculo – Comentários sobre a sociedade do espetáculo. Rio de Janeiro: Contraponto, 1997.

G1. Facebook exclui páginas de "rede de desinformação". MBL fala em "censura", 25 julho 2018. Disponível em: <https://g1.globo.com/economia/tecnologia/noticia/2018/07/25/facebook-retira-do-ar-rede-de-fake-news-ligada-ao-mbl-antes-das-eleicoes-dizem-fontes.ghtml>. Acesso em: 8 nov. 2019.

GOFFMAN, Erving. A representação do eu na vida cotidiana. Petrópolis: Vozes, 2012.

HABERMAS, Jürgen. A nova intransparência. A crise do Estado de bem-estar social e o esgotamento das energias utópicas. In HABERMAS, Jürgen. Novos Estudos. São Paulo: Cebrap, set. 1987. p. 103-114.

HABERMAS, Jürgen. Soberania popular como procedimento. In HABERMAS, Jürgen. Novos Estudos. São Paulo: Cebrap, mar. 1990. p. 100-113.

HABERMAS, Jürgen. Teoria do agir comunicativo. São Paulo: WMF Martins Fontes, 2012.

HADDAD, F. Vivi na pele o que aprendi nos livros: um encontro com o patrimonialismo brasileiro. Revista Piauí, ed. 129, jun. 2017. Disponível em: <https://piaui.folha.uol.com.br/materia/vivi-na-pele-o-que-aprendi-nos-livros/>. Acesso em: 11 nov. 2019.

HARVEY, David. A condição pós-moderna. São Paulo: Loyola, 2001.

HERMOSO, B.; Jürgen Habermas. Não pode haver intelectuais se não há eleitores. El País, 8 maio 2018: Disponível em: <https://brasil.elpais.com/brasil/2018/04/25/eps/1524679056_056165.html?%3Fid_externo_rsoc=FB_BR_CM&fbclid=IwAR3TKcHLQhc9ghxHptjmo1TG_xXpR1iREzBJ7dVmgDcGJt4W9vhMAUf3T4>. Acesso em: 8 nov. 2019.

INNERARITY, Daniel. A política em tempos de indignação: a frustração popular e os riscos para a democracia. Rio de Janeiro: Leya, 2017.

JORNAL CORREIO BRAZILIENSE. Após reportagem, jornalista da Folha é atacada e colegas saem em sua defesa, 19 out. 2018. Disponível em: <https://www.correiobraziliense.com.br/app/noticia/politica/2018/10/19/interna_politica,713846/apos-reportagem-jornalista-da-folha-e-atacada-e-colegas-defendem.shtml>. Acesso em: 8 nov. 2019.

JUDT, Tony. O mal ronda a terra: um tratado sobre as insatisfações do presente. Rio de Janeiro: Objetiva, 2011.

LEOPOLDO E SILVA, Franklin. O eclipse da política. In NOVAES, Adauto (curadoria). Mutações – A Outra Margem da Política. Rio de Janeiro: Arte Pensamento, 2018.

LYOTARD, Jean-François. A condição pós-moderna. Rio de Janeiro. José Olympio: 2013.

MANIN, Bernard. The Principles of Representative Government. Cambridge, New York, Melbourne: Cambridge University Press, 1997.

MAQUIAVEL, Nicolau. O príncipe. São Paulo: Editora 34, 2017.

MOURA, Maurício; CORBELLINI, Juliano. A eleição disruptiva – por que Bolsonaro venceu. Rio de Janeiro: Record, 2019.

NIETZSCHE, Friedrich. Obras incompletas: Sobre verdade e mentira no sentido extra-moral. São Paulo: Editora Nova Cultural. p. 53-60.

RUSSEL, Stuart; NORVIG, Peter. Inteligência Artificial. Rio de Janeiro: Elsevier, 2013.

SALOMÃO, Karin. Cambridge Analytica irá fechar depois do escândalo com o Facebook. Revista Exame, 2 maio 2018. Disponível em: <https://exame.abril.com.br/negocios/cambridge-analytica-ira-fechar-depois-de-escandalo-com-facebook/>. Acesso em: 8 nov. 2019.

SANTAELLA, Lucia. A pós-verdade é verdadeira ou falsa?. São Paulo: Estação das Letras e Cores, 2018. (Coleção interrogações)

SANTIAGO, Tatiana. Lula cobra regulação da mídia em encontro com blogueiros em São Paulo. G1, 16 maio 2014. Disponível em: <http://g1.globo.com/sao-paulo/eleicoes/2014/noticia/2014/05/lula-cobra-regulacao-da-midia-em-encontro-com-blogueiros-em-sp.html>. Acesso em: 12 nov. 2019.

SIMÕES, Helton Gomes. Em depoimento de 5 horas ao Senado americano, Mark Zuckerberg admite erros do Facebook. Globo.com, 10 abr. 2018. Disponível em: <https://g1.globo.com/economia/tecnologia/noticia/mark-zuckerberg-depoe-ao-senado-sobre-uso-de-dados-pelo-facebook.ghtml>. Acesso em: 8 nov. 2019.

THOMPSON, J. B. A mídia e a modernidade: uma teoria social da mídia. Petrópolis: Vozes, 2001. p. 19-46.

WEBER, Max. Ciência e política: duas vocações. São Paulo: Cultrix, 1997.

MATRIX